JN412327

성경 66권 전체를 설명하고 적용한

당신의 성경을 알라

폴 켄트(Paul Kent) 지음
한길환 옮김

베드로서원

Peter' s House
281 Yangpyung-Dong 4-Ga, Youngdeungpo-Ku, Seoul Korea

* * *

모든 성경구절은 개역개정성경을 인용 하였습니다.

성경 66권 전체를 설명하고 적용한

당신의 성경을 알라

목차

구약성경 Old Testament

신약성경 New Testament

역자의 글

내가 주로 책을 구입하는 유명한 인터넷 서점이 있다. 그 웹사이트에는 오늘의 베스트셀러(Today' s Best Sellers)라는 란이 있어서 전 날 제일 많이 팔린 책 순으로 1위에서 10위까지 10권의 책을 매일 소개한다. 몇 달 전 그 란에 작은 소책자가 눈에 띄기 시작하더니 단숨에 상위에 랭크되어 계속 부동의 1위 자리를 고수하고 있다.

나는 "무엇이 이 책을 인기 있는 책으로 만들고 있는지" 궁금했다. 번역하면서 이 작은 책이 장기간 베스트셀러가 되고 있는 이유를 알 수 있었다. 이 책을 통해서 나는 성경에 관한 많은 정보를 얻기보다는 오히려 많은 은혜를 받았다.

이 책도 여타 이런 부류의 책과 같이 성경을 처음 접하거나 성경을 읽을 때 어려움을 느끼는 사람들에게 성경을 좀 더 쉽게 접근할 수 있도록 돕는 안내서이다. 그러나 이 책은 비록 지면의 제약을 받는 소책자지만 우리가 그리스도인으로서 알고 믿어야 할 기본적인 진리를 담고 있다. 무엇보다도 중요한 것은 하나님이 우리를 얼마나 사랑하셨고, 지금도 변함없이 얼마나 사랑하시는가, 그 사랑의 하나님의 말씀이 기록된 성경이 얼마나 소중하고 귀한 책인가를 다시 한 번 일깨워준다.

아무쪼록 이 작은 책이 주님을 사랑하여 그분의 말씀을 간절히 사모하는 모든 하나님의 사람들을 깊은 진리 가운데로 인도하는 나침반이 되기를 간절히 소원한다.

또한 출판을 쾌히 승낙해준 미국 바버출판사와 항상 양질의 책을 출판하여 문서선교사역의 일익을 담당하는 베드로서원의 한영진 장로님과 김복녕 팀장님, 그리고 끊임없이 기도로 종의 사역을 돕는 사랑하는 아내, 세 자녀들, 신봉동교회 성도님들에게 하나님의 크신 은총이 함께 하시기를 진심으로 기원한다.

수지 신봉동교회 작은 골방에서

주후 2009년 새해 벽두에

한길환 목사

서론

각각 별개의 책인 66권, 1,189장, 그리고 방대한 수의 낱말을 통해서 성경은 하나의 특별한 메시지, 즉 "하나님이 당신을 사랑하신다" 고 말씀한다.

창세기의 첫 장에서 하나님은 인간을 창조하시고, 계시록의 마지막장에서 하나님은 누구든지 "값없이 생명수를 받으라"(계 22:17)고 기꺼이 맞이하신다. 그만큼 성경은 하나님이 인간의 삶에 깊이 관여하시고, 잘 알고 계시고, 영향을 미치신다는 것을 보여준다.

하나님의 놀라운 사랑은 그분의 아들 예수 그리스도께서 십자가에서 죽으심으로 나타났다. 예수님의 죄에 대한 희생은 누구든지 그분께서 행하신 일을 사실 그대로 믿음으로 하나님과 올바른 관계를 갖게 한다.

이러한 진리들이 성경책에 있지만, 그러나 때로는 성경이 포함하고 있는 방대한 양의 정보로 인해서 잘 보이지 않는다. 이것이 "당신의 성경을 알라" 를 쓴 동기이다.

이 소책자에서 당신은 성경의 모든 책 66권의 간략한 개론을 볼 수 있을 것이다. 필자는 언제나 인간을 사랑하시고 배려하시는 하나님의 관점으로 각 책을 요약했다. 모든 개론의 방법은 다음 순서를 따랐다.

- 기록자 : 성경 자체 또는 고대 전통에 따른 기록자.
- 기록연대 : 기록된 때 또는 포함된 시점.
- 핵심개요 : 주요 주제의 일별 요약.
- 상세개요 : 주요 사람, 사건, 그리고 포함된 메시지의 요약.
- 요절 : 하나, 둘, 또는 몇 개의 주요 구절.
- 요점 : 눈에 띄는 주요한 사실 또는 그에 못지않은 사실.
- 적용 : 영감 또는 경건한 생각.

당신의 성경은 반드시 알아야 할 가치가 있다. 참으로 당신의 삶을 변화시킬 수 있는 진리를 발견하는 여행을 시작하려면 이 책을 사용하라.

5권의 율법서

창세기, 출애굽기, 레위기, 민수기, 신명기

*

12권의 역사서

여호수아, 사사기, 룻기, 사무엘상, 사무엘하,
열왕기상, 열왕기하, 역대상, 역대하, 에스라, 느헤미야, 에스더

*

5권의 시가서

욥기, 시편, 잠언, 전도서, 아가

*

17권의 예언서

이사야, 예레미야, 예레미야애가, 에스겔, 다니엘,
호세아, 요엘, 아모스, 오바댜, 요나, 미가, 나훔, 하박국,
스바냐, 학개, 스가랴, 말라기

창세기

⚜ 기록자

밝혀지지는 않았지만 전통적으로 모세의 기록으로 여겨진다.

⚜ 기록연대

모세는 대략 BC 1400년에 살았지만, 창세기의 사건들은 바로 시간의 시작에서 비롯된다.

⚜ 핵심개요

하나님이 세상을 창조하시고 특별한 사람을 선택하신다.

⚜ 상세개요

성경의 첫 번째 책은 결코 하나님에 대해서 설명하지 않는다.

단지 그분의 존재를 당연한 일로 여긴다. "태초에, 하나님이…"(1:1). 1장과 2장은 단지 "하나님이…이르시되 그러자 그대로 되니라"(1:6~7, 9, 11, 14~15)라고 말씀함으로 하나님이 우주와 그 안에 있는 모든 것을 어떻게 창조하셨는가를 서술한다. 인간은 그러나 "여호와 하나님이 땅의 흙으로 사람을 지으시고 생기를 그 코에 불어넣으심"(2:7)으로 특별 취급을 받았다. 그리고 여자는 남자의 갈빗대로 교묘하게 만들어졌다. 이 최초의 두 사람, 즉 아담과 하와는 완전한 사람으로 살았지만, "교활한"(간교한, 3:1) 뱀의 유혹으로 인해서 하나님께 불순종함으로 에덴동산을 파괴했다. 죄는 인간을 세상의 최초의 자녀; 가인이 그의 동생 아벨을 의도적으로 죽인 것과 같은 선악의 판단에 얽매이지 않는 타락으로 몰아넣었다. 또 사람들이 아주 사악해져서 하나님은 온 땅을 물속에 잠기게 하실 결심을 하시고 오직 의로운 노아와 그의 가족, 그리고 동물들이 가득 찬 방주(배)만 안전하게 보존하셨다. 땅에 다시 사람이 살게 되었을 때 하나님은 아브람의 손자 야곱의 이름 대신 후에 "이스라엘"이라고 부르는 특별히 복 받은 사람들의 조상으로 아브람이라고 부르는 사람을 선택하신다. 창세기는 초자연적인 사건들의 연속으로 애굽을 통치하는 야곱의 아들 요셉과 함께 끝나고 다음 출애굽기의 사건을 시작한다.

요절

"하나님이 이르시되 빛이 있으라 하시니 빛이 있었고"(1:3).

"여호와께서 가인에게 이르시되 네 아우 아벨이 어디 있느냐 그가 이르되 내가 알지 못하나이다 내가 내 아우를 지키는 자니이까"(4:9).

"그러나 노아는 여호와께 은혜를 입었더라"(6:8).

"아브람이 여호와를 믿으니 여호와께서 이를 그의 의로 여기시고"(15:6).

요점

창세기는 곧 다수의 인격 안에 한 하나님의 개념, 즉 후에 "삼위일체"라고 부르는 개념을 소개한다. "하나님이 이르시되 우리의 형상을 따라 우리의 모양대로 우리가 사람을 만들자"(1:26, 부가된 주안점). 또한 일찍부터 하나님은 하와를 속인 뱀을 저주하실 때 장차 예수님의 고난과 승리에 대한 암시를 주신다. "내가 너로 여자와 원수가 되게 하고 네 후손도 여자의 후손과 원수가 되게 하리니 여자의 후손은 네 머리를 상하게 할 것이요 너는 그의 발꿈치를 상하게 할 것이니라"(3:15).

적용

창세기는 "내가 어디에서 왔는가?" 라는 중대한 물음에 대한 답을 준다. 이에 대한 답을 아는 것은 우리가 세상에서 다른 방법으로는 이해하기 어려운 가치를 우리에게 보여줄 수 있다.

출애굽기

기록자

밝혀지지는 않았지만 전통적으로 모세의 기록으로 여겨진다. 출애굽기 34장 27절에서 하나님은 모세에게 이렇게 말씀하신다. "여호와께서 모세에게 이르시되 너는 이 말들을 기록하라." 그리고 예수님은 마가복음 12장 26절에서 출애굽기를 "모세의 책"으로 인용하신다.

기록연대

대략 BC 1400년 중간.

핵심개요

하나님은 그분의 백성인 이스라엘 자손들을 애굽의 종으로부터 구해내신다.

⚜ 상세개요

이스라엘 자손들은 종으로 그 나라에 들어가서 2인자에 올랐던 아브라함의 위대한 자손 요셉의 초청으로 정착한 애굽에서 번성한다. 요셉이 죽자 새로운 바로 왕이 급속히 성장하는 이스라엘 민족을 위협으로 본다. 그래서 그 사람들을 그의 노예로 삼는다. 하나님은 이스라엘 자손들의 고통 소리를 들으시고, "아브라함, 이삭, 그리고 야곱과 맺은 언약"(2:24)을 기억하시고 모세를 그들의 인도자로 세우신다. 하나님은 불타는 가시떨기나무 가운데서 말씀하시고, 모세는 바로에게 이스라엘을 해방시키라는 하나님의 명령에 마지못해 응한다. 바로의 의지를 꺾기 위해서 하나님은 애굽에 열 가지 재앙을 내리신다. 이 재앙은 모든 이스라엘의 장자를 제외한 모든 장자의 죽음으로 끝난다. 그들은 문설주(문의 양옆 기둥 – 역주)와 인방(문 위아래 가로 막대 – 역주)에 희생제물의 피를 발랐다. 이것이 죽음의 천사가 그들의 집을 "넘어가게" 했다(12:13). 바로는 마침내 이스라엘이 그 나라를 떠나도록 허락(출애굽)했고, 하나님은 애굽 군대의 추격을 받는 백성들을 위해서 홍해를 가르셨다. 시내산에서 하나님은 예배에 대한 규례, 가족을 국가로 바꾸는 법, 그리고 십계명을 주신다. 모세가 산에서 지체할 때 백성들은 금송아지를 숭배하여 스스로 재앙을 초래한다. 모세는 질서를 회복하기 위해서 되돌아오고, 출애굽기는 낮에는 하나님의 "구름기둥" 밤에는 "불기둥"을 따라, "약속의 땅" 가나안으로 계속 여행하는 사람들과 함께 끝난다.

⚜ 요절

"하나님이 모세에게 이르시되 나는 스스로 있는 자이니라 또 이르시되 너는 이스라엘 자손에게 이같이 이르기를 스스로 있는 자가 나를 너희에게 보내셨다 하라"(3:14).

"여호와께서 모세에게 이르시되 너는 바로에게 가서 그에게 이르기를 여호와의 말씀에 내 백성을 보내라 그들이 나를 섬길 것이니라"(8:1).

"내가 애굽 땅을 칠 때에 그 피가 너희가 사는 집에 있어서 너희를 위하여 표적이 될지라 내가 피를 볼 때에 너희를 넘어가리니 재앙이 너희에게 내려 멸하지 아니하리라"(12:13).

"너는 나 외에는 다른 신들을 네게 두지 말라"(20:3).

⚜ 요점

하나님은 무교병(누룩을 넣지 않고 만든 빵 – 역주)으로 특별한 식사를 함으로 "유월절"(유대교의 3대 축일 중의 하나로 고대 이스라엘 민족이 하나님의 도움으로 애굽에서 탈출한 것을 기념하는 봄의 축제 – 역주)을 기념하라고 말씀하셨다. 3000년 후, 지금도 유대인들은 그 사건을 기념한다.

적용

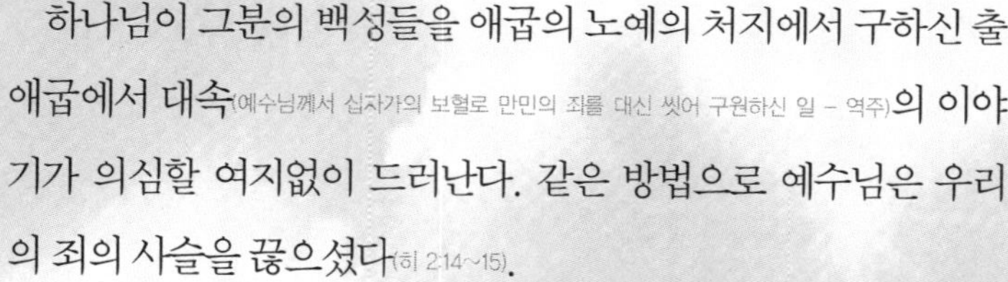

하나님이 그분의 백성들을 애굽의 노예의 처지에서 구하신 출애굽에서 대속(예수님께서 십자가의 보혈로 만민의 죄를 대신 씻어 구원하신 일 – 역주)의 이야기가 의심할 여지없이 드러난다. 같은 방법으로 예수님은 우리의 죄의 사슬을 끊으셨다(히 2:14~15).

레위기

기록자

밝혀지지는 않았지만 전통적으로 모세의 기록으로 여겨진다.

기록연대

대략 BC 1400년대 중간.

핵심개요

거룩하신 하나님이 그분을 예배하는 법에 대해서 상세히 설명하신다.

상세개요

"레위인에게 속한" 이라는 의미를 가진 레위기서는 가계(대대로 이어온 한 집안의 계통 – 역주)가 어떻게 이스라엘 자손들을 예배로 이끌어야 하는지를 서술한다. 이 책은 출애굽기의 윤리법에 대비해서 의식법을 규정하고, 하나님께 드리는 제물, 음식, 정결예식에 대해서 설명한다. 그리고 안식일, 유월절, 욤키퍼(유대인들의 명절 중 가장 성스러운 '속죄의 날(Day of Atonement)' 로 모든 것으로부터 25시간 금욕해야 하고 기도, 묵상, 그리고 죄를 고백하고 회개하고 용서를 받아야 한다. – 역주)를 포함한 특별히 거룩한 날을 명한다. 모세의 형인 아론의 가족이 이스라엘의 공식적인 제사장으로 임명을 받는다. 레위기서는 순종에 대한 여러 가지의 축복과 불순종에 대한 많은 형벌에 대해서 기록한다.

⚜ 요절

"나는 여호와 너희의 하나님이라 내가 거룩하니 너희도 몸을 구별하여 거룩하라…"(11:14).

"육체의 생명은 피에 있음이라…생명이 피에 있으므로 피가 죄를 속하느니라"(17:11).

⚜ 요점

레위기서의 피 제사는 히브리서 기자에 의해서 예수님의 십자가의 죽으심으로 대비된다. “그는 저 대제사장들이…날마다 제사 드리는 것과 같이 할 필요가 없으니 이는 그가 단번에 자기를 드려 이루셨음이라”(7:27).

적용

우리가 레위기서의 규례에 따라서 살지 않는다 할지라도, 우리는 거룩하신 하나님을 섬긴다. 따라서 그와 같이 그분을 공경하고 대우해드려야 한다.

기록자

밝혀지지는 않았지만 전통적으로 모세의 기록으로 여겨진다.

기록연대

대략 BC 1400년.

핵심개요

신앙이 없는 이스라엘 자손들이 시내 광야에서 40년 동안 방황한다.

상세개요

민수기는 인구조사로 시작된다. 따라서 이것이 이 책의 명칭이다. 이스라엘 자손들은 애굽에서 탈출한 후 14개월 동안에 레위인을 제외한 603,550명에 이르렀다. 이 다수의 사람들, 즉 이스라엘의 새로 형성된 민족이 끝마치기까지 10년이 걸릴 여정, 가나안의 "약속의 땅" 으로 약 200마일을 행진한다. 그 땅에 들어가는 것이 지체 된 것은 음식과 물에 대해서 불평하며, 모세에게 반항하며, 이미 그곳에 살고 있는 강력한 사람들 때문에 가나안에 들어가기를 주저했던 사람들에 대한 벌이다. 하나님은 이 모든 세대가 광야에서 죽을 것을 선언하시고 이스라엘 자손들 중 더 순종하는 새로운 세대에게 약속의 땅을 맡기신다.

요절

"여호와는 노하기를 더디하시고 인자가 많아 죄악과 허물을 사하시니…" 14:18.

요점

모세가 하나님이 말씀하여 주신대로 명령하여 물을 내기보다는 오히려 반석을 지팡이로 침으로 약속의 땅으로 들어가는 기회를 놓쳤지만, 반석에서 기적적으로 물이 나왔다(20:1~13).

적용

하나님은 죄를 미워하시고 벌을 주신다. 우리는 예수님이 우리를 위해서 벌을 떠맡으신 것에 대해서 감사할 수 있다.

신명기

⚜ 기록자

신명기 31장 9절의 "또 모세가 이 율법을 써서 여호와의 언약궤를 메는 레위 자손 제사장들과 이스라엘 모든 장로에게 주었다"는 구절에 지지를 받는 견해로 전통적으로 모세로 여겨진다.

⚜ 기록연대

대략 BC 1400년.

⚜ 핵심개요

모세는 이스라엘 자손들에게 그들의 역사와 하나님의 율법에 대해서 상기시킨다.

⚜ 상세개요

"제 2의 율법"을 의미하는 명칭으로 신명기는 이스라엘 자손들이 약속의 땅으로 들어가는 준비를 할 때 모세의 마지막 지시를 기록한다. 하나님이 시내산에서 율법을 손으로 기록하신 후 40년이 지나고, 그 중대한 사건을 경험했던 모든 세대는 광야에서 죽었다. 따라서 모세는 신세대가 가나안으로 들어갈 준비를 할 때 그들에게 하나님의 명령과 그들의 민족의 역사를 일깨워 주었다. 가나안 정복은 모세가 느보산에서 오직 약속의 땅을 "바라만 보고" 있을 때 여호수아의 지휘아래서 진행될 것이다. "이에 여호와의 종 모세가 여호와의 말씀대로 모압 땅에서 죽어… 모압 땅에 있는 골짜기에 장사되었고 오늘까지 그의 묻힌 곳을 아는 자가 없느니라"(34:5~6). 모세는 120세에 죽었다.

⚜ 요절

"이스라엘아 들으라 우리 하나님 여호와는 오직 유일한 여호와이시니"(6:4).

"너는 마음을 다하고 뜻을 다하고 힘을 다하여 네 하나님 여호와를 사랑하라"(6:5).

"너희 중에 계신 너희의 하나님 여호와는 질투하시는 하나님이시니라…" (6:15).

요점

신약성경은 마태복음 4장 1~11절에서 예수님이 광야에서 시험을 받으신 세 번의 이야기를 포함하여 신명기를 수십 번 인용한다. 예수님은 신명기 8장 3절(사람이 떡으로만 사는 것이 아니요 여호와의 입에서 나오는 모든 말씀으로 살 것이다), 6장 16절(너희의 하나님 여호와를 시험하지 말라), 6장 13절(네 하나님 여호와를 경외하며 그를 섬기라)을 반복해서 말씀하심으로 사탄을 패배시키셨다. 십계명은 출애굽기 20장에서 볼 수 있는데, 신명기 5장에서 완전히 재 진술된다.

적용

신명기는 하나님의 율법과 기대가 우리를 제한하거나 좌절시키려는 것이 아니라, 그보다는 우리에게 도움을 주려는 것이라는 것을 분명하게 밝힌다. "이스라엘아 듣고 삼가 그것을 행하라 그리하면 네가 복을 받고 네 조상들의 하나님 여호와께서 네게 허락하심 같이 젖과 꿀이 흐르는 땅에서 네가 크게 번성하리라" (6:3).

여호수아

기록자

여호수아의 죽음과 유언을 기술하는 마지막 다섯 구절(24:29~33)을 제외하고, 전통적으로 여호수아 자신으로 여겨진다.

기록연대

대략 BC 1375년.

핵심개요

이스라엘 자손들이 약속의 땅 가나안을 점령하고 정착한다.

상세개요

모세와 불순종한 이스라엘 자손들 모든 세대가 죽음에 따라,

하나님은 여호수아에게 남은 이스라엘 자손들을 약속의 땅 가나안으로 인도하라고 말씀하셨다. 첫 번째 큰 장애물인 여리고 성에서 기생 라합이 이스라엘의 정탐꾼을 도움으로 그 도시가 멸망할 때 보호를 받는다. 하나님은 여호수아의 군대가 외부로 행진하고 제사장들은 나팔을 불고 백성들은 큰 소리로 외칠 때 그 성벽을 때려 눕히셨다. 여호수아는 그 땅에서 우상을 숭배하는 사람들-헷, 아모리, 가나안, 브리스, 기르가스, 히위, 여부스 족속을 척결하기 위해서 승리한 군대를 전투에 참가하도록 이끈다. 하나의 결정적인 순간에 하나님은 태양을 멈추어 서게 해 달라는 여호수아의 기도를 응답하셔서 전투를 끝마칠 수 있도록 더 많은 시간을 허락하셨다(10:1~15). 주요한 도시들이 정복되었고 여호수아는 그 땅을 이스라엘의 열두 지파에게 공통으로 분배해서 사람들이 자신들을 안식처로 인도하신 하나님께 순종하며 머무르라고 일러준다. “여호수아가 이르되 그러면 이제 너희 중에 있는 이방 신들을 치워버리고 너희의 마음을 이스라엘의 하나님 여호와께로 향하라”(24:23).

요절

“내가 네게 명령한 것이 아니냐 강하고 담대하라 두려워하지 말며 놀라지 말라 네가 어디로 가든지 네 하나님 여호와가 너와 함께 하느니라 하시니라”(1:9).

“너희 중 한 사람이 천 명을 쫓으리니 이는 너희의 하나님 여호와 그가 너희에게 말씀하신 것 같이 너희를 위하여 싸우심이라”(23:10).

“너희가 섬길 자를 오늘 택하라 오직 나와 내 집은 여호와를 섬기겠노라”(24:15).

요점

여호수아는 모든 것을 옳게 행한 것처럼 보이는 소수의 주요한 인물 가운데 한 사람이다. 그는 강한 지도자였고 하나님께 전적으로 헌신했고, 기록된 죄와 불순종에 빠지지 않은 사람이었다. 오직 한 가지 잘못이 그에 대한 이력을 훼손한다. 그것은 그가 파멸시켜야 했던 지역의 무리 가운데 하나인 기브온 편에 선 것이다. 기브온은 그들의 생명에 대한 두려움 때문에 낡은 옷을 입고 마르고 곰팡이가 난 빵을 가지고 여호수아 앞에 나타나서 먼 나라에서 왔다고 주장한다. 여호수아와 이스라엘 지도자들은 “그 양식을 취하고는 어떻게 할 지를 여호와께 묻지 아니하고”(9:14) 화친조약에 응했다. 여호수아가 그 사실을 알게 되었을 때 그는 기브온 주민들과 그의 협정을 이행해야만 했다. 그러나 그들을 종으로 삼았다.

적용

여호수아는 몇 번이고 되풀이하여 하나님이 그분의 백성들을 어떻게 축복하시는가를 보여준다. 약속의 땅은 그분이 감독하셨던 군대의 승리로써 그들에게 주신 하나님의 선물이었다.

사사기

⚜ 기록자

확실하지 않음, 어떤 사람은 선지자 사무엘을 제시한다.

⚜ 기록연대

먼 옛날 BC 1375년에 일어났던 사건을 포함해서 대략 BC 1050에 기록되었다.

⚜ 핵심개요

이스라엘은 죄, 고통, 그리고 구원을 반복적으로 경험한다.

상세개요

여호수아가 죽은 후, 이스라엘 자손들은 약속의 땅에서 이방인들을 몰아내는 탄력을 잃어버린다. "예루살렘에 거주하는 여부스 족속을 쫓아내지 못한 베냐민 자손"(1:21)들의 실례는 그들 중에 우상 숭배자들이 머물게 한 많은 부족들의 특징을 진술한다. "너희는 이 땅의 주민과 언약을 맺지 말며 그들의 제단들을 헐라 하였거늘 너희가 내 목소리를 듣지 아니하였으니…내가 또 말하기를…그들이 너희 옆구리에 가시가 될 것이며 그들의 신들이 너희에게 올무가 되리라 하였노라"(2:2~3). 이스라엘 백성들이 우상을 숭배하고, 공격자들에게 벌을 받고, 하나님께 도와달라고 울부짖고, 종교적 의식을 회복하는 인간적인 사사(또는 "구원자")의 방법으로 하나님의 도움을 받았을 때 하나님의 말씀은 어김없이 실현되었다. 보다 덜 알려진 사사는 옷니엘, 에훗, 돌라, 야일, 입다가 있다. 한편 더 잘 알려진 인물은 유일하게 여선지자인 드보라이다. 그녀는 가나안 족속에게 대항하여 군대를 승리로 이끌었다. 그리고 양털로 하나님의 뜻을 시험하고, 미디안 군대를 무찔렀던 기브온 및 블레셋을 무찔렀던 놀랄 만큼 강한 삼손이 있다. 삼손의 큰 실수는 들릴라와 같은 불미스런 여인들에 대한 사랑이 그를 파멸로 이끌어서 블레셋 신전에서 죽음에 이르게 했다.

⚜ 요절

"애굽 땅에서 그들을 인도하여 내신 그들의 조상들의 하나님 여호와를 버리고 다른 신들 곧 그들의 주위에 있는 백성의 신들을 따랐다…"(2:12).

"여호와께서 사사들을 세우사 노략자의 손에서 그들을 구원하게 하셨다"(2:16).

"여호와께서 기드온에게 이르시되 너를 따르는 백성이 너무 많은즉 내가 그들의 손에 미디안 사람을 넘겨주지 아니하리니 이는 이스라엘이 나를 거슬러 스스로 자랑하기를 내 손이 나를 구원하였다 할까 함이니라"(7:2).

⚜ 요점

몇몇 사사들은 오늘날의 기준으로 보면 정상이 아닌 가족들이 있었다. 야일은 30명의 아들이 있었고(10:4), 압돈은 40명의 아들이 있었다(12:14). 그리고 입산은 30명의 아들과 딸이 있었다(12:9). 입다는 오직 한 자녀 딸이 있었는데, 그는 어리석게도 딸을 군사적인 승리에 대한 답례로 하나님께 제물로 바치기로 서원했다(11:30~40).

적용

고대 이스라엘 자손들은 하나님이 그들에게 하기를 원하시는 일보다 오히려 "자기 소견에 옳은 대로 행할 때"(17:6, 21:25) 불행에 빠졌다. 당신도 같은 잘못을 저지르지 말라.

기록자

밝혀지지는 않았지만 어떤 사람은 사무엘을 제시한다.

기록연대

(대략 BC 1010~970년경에 통치했던) 다윗 왕의 증조모 룻은 아마도 대략 BC 1100년경에 살았을 것이다.

핵심개요

충성스러운 며느리가 하나님의 신실하심, 사랑, 돌보심을 생생하게 나타낸다.

상세개요

이방 여인 룻은 유대인 가족에게 시집을 간다. 가족의 모든 남자들이 죽었을 때 룻은 그녀의 시어머니 나오미에게 관대함을 보여주었는데, 그녀는 시어머니와 함께 머물면서 그들의 생명을 유지하기 위해 먹을 것을 찾아 다녔다. 룻이 부유한 보아스의 밭에서 보리 이삭줍기를 할 때, 그는 그녀에게 관심을 가져 그의 일꾼들에게 그녀를 돌보아주도록 명령한다. 나오미는 보아스를 보자, 그녀의 죽은 남편의 친척인 것을 알고 가문을 잇기 위해서 친척의 과부를 결혼시키는 "기업 무를 자"(히브리어 고엘은 단순히 친족의 뜻이나 기업 무를 자, 보수자 등으로 다양하게 번역된다. 이는 율법상 친족은 서로에 대하여 가난한 친족이 땅을 팔았을 때 이를 대신 값을 치르고 찾아주는 기업 무를 의무와 부당한 피해를 당했을 때 대신 복수할 보수자로서의 의무, 나아가 자식 없이 죽으면 계대(係代) 결혼으로 대를 이어줄 의무가 있다. – 역주)로써 그를 따라가도록 룻에게 용기를 북돋아 준다. 보아스는 룻과 결혼하여 주목을 끄는 가정생활을 시작한다.

요절

"어머니께서 가시는 곳에 나도 가고 어머니께서 머무시는 곳에서 나도 머물겠나이다 어머니의 백성이 나의 백성이 되고 어머니의 하나님이 나의 하나님이 되시리이다"(1:16).

요점

이방 모압 땅에서 온 룻은 유대인과 결혼해서 이스라엘의 위대한 왕, 다윗의 증조모와 예수 그리스도의 조상이 되었다.

적용

우리는 하나님이 우리가 무엇이 필요할 때 필요한 것을 공급하시고, 우리가 이전에 상상했던 것보다 더 나은 방법으로 우리의 삶을 살아가도록 하실 것이라는 신뢰를 할 수 있다.

사무엘상

기록자

밝혀지지는 않았다. 사무엘상의 몇 가지 사건은 선지자가 죽은 후에 일어나지만, 사무엘 자신이 아마 연루되어 있을 것이다.

기록연대

대략 BC 1100~1000년.

핵심개요

이스라엘의 열두 지파가 왕의 지배아래서 하나가 된다.

상세개요

아이를 낳지 못하는 한나는 하나님께 아들을 달라고 간청하고 그를 주님의 종으로 주님께 되돌려 드리겠다고 서원한다. 사무엘이 태어났고 곧 연로한 제사장 엘리 아래서 섬기기 위해 성전으로 보내진다. 엘리가 죽은 후에 사무엘은 이스라엘의 사사 또는 구원자로 백성들을 섬기고, 민족의 무시무시한 적 블레셋을 정복한다. 사무엘이 늙었을 때 이스라엘 지파의 지도자들은 사무엘의 사악한 아들을 거절하고 왕을 요구한다. 사무엘은 왕이 백성들에게 무거운 짐을 지우고 그들을 강제로 시중을 들게 할 것이라고 경고하지만, 그들은 왕을 강하게 요구하고, 하나님은 사무엘에게 눈에 띄게 키가 크고 잘 생긴 사울을 이스라엘의 초대 통치자로 기름 부으라고 말씀하신다. 사울 왕은 훌륭하게 시작했지만, 불순한 선택을 하기 시작한다. 그 중 사울은 하나님께 제물을 드림으로 제사장으로 제한된 직분을 어긴다. 사무엘은 사울에게 그가 대체될 것이라고 말한다. 그의 후계자는 하나님의 도우심으로 골리앗이라고 부르는 거인 블레셋의 용사를 죽이고 이스라엘의 영웅이 된 다윗이 된다. 질투심 많은 왕은 자신의 생명을 보존하기 위해서 도망친 다윗을 죽이려고 애를 쓴다. 다윗은 자신이 사울을 죽일 기회가 있었지만, 받아들이지 않으면서 이렇게 말한다. "나는 손을 들어 여호와의 기름 부음을 받은 자 치기를 원하지 아니하였음이니이다"(26:23). 사무엘상 끝에 사울은 블레셋과의 전쟁 중에 죽고, 다윗이 왕이 되는 길이 열린다.

⚜ 요절

"여호와께서 사무엘에게 이르시되…그들이 너를 버림이 아니요 나를 버려 자기들의 왕이 되지 못하게 함이니라"(8:7).

"순종이 제사보다 낫고 듣는 것이 숫양의 기름보다 나으니"(15:22).

"다윗이 블레셋 사람(골리앗)에게 이르되 너는 칼과 창과 단창으로 내게 나아오거니와 나는 만군의 여호와의 이름 곧 네가 모욕하는 이스라엘 군대의 하나님의 이름으로 네게 나아가노라"(17:45).

⚜ 요점

사울은 왕이 되기 전 자신의 즉위식에서 숨으려고 했던(10:21~22) 나귀의 목자였다(9:5). 왕으로써 사울은 죽은 사무엘의 영을 불러내라고 신접한 자에게 요구함으로 그 스스로 율법을 어겼다(28장).

적용

왕을 요구하는 이스라엘 자손들과 해서는 안 되는 제물을 드리는 결정을 한 사울과 같은 자기 위주의 선택은 가혹한 결과와 심지어 비극적인 결과를 초래할 수 있다.

사무엘하

⚜ 기록자

알려지지는 않았지만 책의 사건들이 그의 죽음 후에 일어났음으로 사무엘은 아니다. 어떤 사람은 제사장 아비아달을 제시한다(15:35).

⚜ 기록연대

대략 BC 1010~970년.

⚜ 핵심개요

다윗은 이스라엘의 위대한 왕이 되지만, 그러나 큰 결점이 있었다.

⚜ 상세개요

사울 왕이 죽자, 다윗이 남쪽의 유다 지파 유대인들에 의해서 왕으로 추대되었다. 7년 후에 북쪽 지파의 왕 사울의 아들 이스보셋이 죽은 후에 다윗은 모든 이스라엘의 통치자가 되었다. 다윗은 여부스족들에게서 예루살렘을 점령하고 그의 통일 국가를 위해서 예루살렘을 새로운 수도로 정한다. 하나님은 그런 다윗에게 이렇게 약속하신다. "네 왕위가 영원히 견고하리라"(7:16). 군사적인 승리는 이스라엘을 강하게 만들었지만, 그러나 어느 봄날(NIV)에 전투를 마치고 집에 머무르고 있을 때 다윗은 이웃에 사는 아름다운 여인 밧세바와 간음을 저지른다. 그리고 그는 그 일을 감추기 위해 요압과 모의하여 그녀의 남편인 우리아를 맹렬한 전투 앞에 세워 죽게 한다. 하나님은 선지자 나단으로 하여금 가난한 사람의 양을 훔친 부유한 사람의 이야기로 다윗에게 증거를 들이댄다. 다윗은 나단이 "당신이 그 사람이라"(12:6)고 알려줄 때까지는 격노 했다. 징벌을 받은 후, 다윗은 회개했고 하나님은 그의 죄를 용서해 주셨지만, 죄의 결과는 다윗에게 강력한 영향을 끼쳤다. 밀회 가운데 임신한 아이는 죽고 다윗의 가족은 산산조각 나기 시작한다. 다윗의 아들 가운데 하나인 암논은 그의 이복누이인 다말을 강간했다. 다윗의 둘째아들 압살롬(다말의 친오빠)은 이에 대한 보복으로 암논을 죽인다. 압살롬은 다음에 아버지 다윗의 왕권을 교묘하게 손에 넣으려는 음모를 꾸미고, 그의 아버지를 자신의 생명을 구하기 위해서 피난하게 만든다. 압살롬이 다윗의 사람들과 전투에서 죽었을 때, 다윗은 몹시 슬퍼하여 그의 병사들에게 불쾌감을 주었다. 결국 다윗은 그의 왕권을 다시 되찾기 위하여 예루살렘으로 되돌아 왔다. 그는 또한 밧세바에게 태어난 다른 아들 솔로몬을 왕으로 세웠다.

⚜ 요절

"오호라 두 용사가 전쟁 중에 엎드러졌도다…" (1:25).

"주 여호와여 나는 누구이오며 내 집은 무엇이기에 나를 여기까지 이르게 하셨나이까" (7:18).

"내 아들 압살롬아 내 아들 내 아들 압살롬아 차라리 내가 너를 대신하여 죽었더면, 압살롬 내 아들아 내 아들아 하였더라" (18:33).

⚜ 요점

다윗의 조카(다윗의 형 삼마의 아들 요나단)는 "손가락과 발가락이 각기 여섯 개씩 모두 스물 네 개가 있는" (21:20~21) 키가 큰 블레셋 사람을 죽였다. 다윗의 군 지휘관의 두목 아디노는 단 번에 800명을 죽였다(23:8).

⚜ 적용

다윗 왕의 이야기는 우리에게 선택이 생사가 걸린 중요한 문제라는 것을 강조한다. 누가 그런 위대한 사람이 그런 무서운 죄에 빠질 수 있으리라는 짐작이나 하겠는가?

열왕기상

기록자

밝혀지거나 알려지지 않았지만, 초기 전통은 예레미야가 열왕기상과 하를 썼다고 주장한다.

기록연대

대략 BC 970년에서 BC 850년까지의 사건들을 포함해서, 열왕기상은 아마도 바벨론이 BC 586년경 예루살렘을 파괴한 후 어느 때에 기록되었을 것이다.

핵심개요

이스라엘은 서로 대립하는 북쪽과 남쪽 국가로 나누어졌다.

⚜ 상세개요

다윗 왕은 건강이 쇠하여지자 후계자로 밧세바에게서 난 그의 아들 솔로몬을 왕으로 임명한다. 다윗 왕이 죽은 후, 하나님은 꿈에서 솔로몬에게 그가 원하는 것은 무엇이든지 주겠다고 말씀하신다. 솔로몬은 지혜를 선택했다. 하나님은 솔로몬에게 큰 지혜와 더불어 많은 능력과 부를 주셨다. 새 왕은 곧 예루살렘에 하나님의 영원한 성전을 짓는다. 하나님은 순종에 대한 축복과 불순종에 대한 고통을 약속하시기 위해서 다시 솔로몬을 찾아오신다. 슬프게도, 솔로몬의 지혜는 그를 실패하게 만든다. 그가 7백 명의 여인들을 아내로 맞이하고 그들 가운데 많은 여인들이 그의 마음을 우상으로 향하게 하는 이방인이었다. 솔로몬이 죽자, 그의 아들 르호보암은 어리석게도 이스라엘 백성들의 반감을 샀다. 북쪽의 열 지파는 이전 솔로몬의 신하였던 여로보암 아래서 그들 자신들의 국가를 세웠다. 남쪽의 두 지파는 유다라고 부르는 국가로 솔로몬의 계열 아래서 계속된다. 여로보암은 사악하게 북쪽에서 최초로 우상숭배를 시작한다. 많은 악한 통치자들이 뒤이어 등장한다. 이따금 아사와 여호사밧과 같은 왕들이 하나님을 따랐지만, 유다 또한 많은 불순한 지도자들이 있을 것이다. 열왕기상은 그들의 거짓 신 바알을 숭배하는 이스라엘의 악한 왕 아합과 여왕 이세벨과 맞섰던 선지자 엘리야를 소개한다. 하나님의 능력으로 엘리야는 갈멜산에서 극적인 경쟁에서 바알의 거짓 선지자 450명을 패배시켰다.

⚜ 요절

"다윗이 죽을 날이 임박하매 그의 아들 솔로몬에게 명령하여 이르되 내가 이제 세상 모든 사람이 가는 길로 가게 되었노니 너는 힘써 대장부가 되어라"(2:1~2).

"누가 주의 이 많은 백성을 재판할 수 있사오리이까 듣는 마음을 종에게 주사 주의 백성을 재판하여 선악을 분별하게 하옵소서"(3:9).

"여호와여 내게 응답하옵소서 내게 응답하옵소서 이 백성에게 주 여호와는 하나님이신 것과 주는 그들의 마음을 되돌이키심을 알게 하옵소서"(18:37).

⚜ 요점

학자들은 열왕기상 · 하는 처음에는 한 권이었으나 자연스러운 크기의 두루마리로 필사하기 위해서 반으로 나누었다고 말한다.

적용

솔로몬의 실례는 강한 경고를 준다. 가장 축복을 받은 사람조차도 하나님께 벗어나서 큰 잘못을 저지를 수 있다.

열왕기하

기록자

밝혀지거나 알려지지 않았지만, 초기 전통은 예레미야가 열왕기상과 하를 썼다고 주장한다.

기록연대

대략 BC 800년에서 300년을 포함해서, 열왕기하는 아마도 바벨론이 BC 586년경 예루살렘을 파괴한 후 어느 때에 기록되었을 것이다.

핵심개요

유대 두 국가는 하나님께 대한 그들의 불순종 때문에 멸망을 당한다.

⚜ 상세개요

열왕기하의 이야기는 더 나쁜 통치자들, 소수의 선한 통치자들, 몇몇 잘 알려진 선지자들, 그리고 북왕국과 남왕국의 궁극적인 쇠퇴로 이어진다. 열왕기하 초기에 엘리야는 죽지 않고 하늘로 직접 올라간 두 번째 사람(창세기 5장 24절의 에녹 이후)이 되었다. 그의 후계자 엘리사는 많은 기적을 행하고 이스라엘의 "평범한 사람들"과 하나님의 말씀을 나누었다. 북왕국의 통치자들은 한결같이 사악했고 마지막 왕 호세아 아래서 이스라엘 백성들은 BC 722년에 "앗수르로 끌려갔다"(17:6). 때때로 히스기야와 요시야 같은 선한 왕이 있는 유다는 몇 년 더 지속되었지만, BC 586년경에 느부갓네살 왕 아래에 있는 바벨론 군대에 의해서 "제압당했다"(25:4). 게다가 성전과 유대의 왕궁과 그리고 가치 있는 모든 것을 탈취한 후 바벨론은 또한 "예루살렘의 모든 백성과 모든 지도자와 모든 용사 곧 만 명의 포로와 모든 장인과 대장장이를 사로잡아 갔다"(24:14). 열왕기하 끝부분에는 바벨론의 새 왕, 악한 에윌무로닥이 실제적인 유다의 마지막 왕 여호와긴에게 친절을 베풀어서 바벨론 궁전에서 존경받는 지위를 준다는 것을 기록한다.

⚜ 요절

"…불수레와 불말들이 두 사람을 갈라놓고 엘리야가 회오리바람으로 하늘로 올라가더라"(2:11).

"여호와께서 이스라엘의 온 족속을 버리사 괴롭게 하시며 노략꾼의 손에 넘기시고 마침내 그의 앞에서 쫓아내시니라"(17:20).

"이와 같이 유다가 사로잡혀 본토에서 떠났더라"(25:21).

요점

구약 후기에 나타난 긴 예언을 기록했던 이사야는 열왕기하 19장에서 중요한 사람이다. 유다의 가장 선한 왕 가운데 하나인 요시야는 그가 왕위에 오를 때 나이가 8세에 지나지 않았다.

적용

북왕국과 남왕국 둘 다 죄로 인해서 무서운 결과를 초래한 것을 보여준다. 사악한 실례조차도, 만일 우리가 우리에게 고통을 주는 일을 하지 않겠다는 결심을 한다면 도움이 될 수 있다.

역대상

⚜ 기록자

밝혀지지는 않았지만 전통적으로 제사장 에스라로 여겨진다.

⚜ 기록연대

대략 BC 1010년(사울 왕의 죽음)으로부터 BC 970년(다윗 왕의 죽음)까지의 이스라엘의 역사를 포함한다.

⚜ 핵심개요

다윗 왕의 통치가 자세히 기록되고 검토된다.

⚜ 상세개요

역대상은 아담까지 거슬러 올라가는 이스라엘 역사를 보여준다. 11장으로, 이야기는 이스라엘의 가장 위대한 왕 다윗으로 돌아가서, 전 국민적인 예배에 대한 그의 지도력에 대해서 특별히 강조한다. 다른 중요한 요점은 다윗이 그의 후손 예수 그리스도를 통해서 왕위를 이어갈 것이라는 하나님의 약속이다.

요절

"내가 영원히 그를 내 집과 내 나라에 세우리니 그의 왕위가 영원히 견고하리라…" (17:14).

요점

역대상은 사무엘하와 일치하는 많은 정보를 포함하지만, 다윗의 생애의 평판이 좋지 않은 상황과 같은 정보, 즉 밧세바와의 간음과 그녀의 남편 우리아를 죽이는 음모와 같은 것은 없다.

적용

역대상이 이야기를 분명하고 자세하게 전하는 것은 죄에 대한 그들의 벌을 경멸하는 유대인들을 일깨우려는 뜻이 있다. 그들은 여전히 하나님의 특별한 백성이다. 하나님은 약속을 하실 경우, 약속을 지키신다.

역대하

기록자

밝혀지지는 않았지만 전통적으로 제사장 에스라로 여겨진다.

기록연대

대략 BC 970년(솔로몬의 등극)에서 BC 500년(유대인들이 바벨론 포로에서 예루살렘으로 돌아왔을 때)까지의 이스라엘 자손들의 역사를 포함한다.

핵심개요

솔로몬 때에 분열되어 멸망하기까지의 이스라엘의 역사.

상세개요

다윗의 아들 솔로몬은 왕이 된 후 성전을 건축하고 시종 가장 탁월한 통치자 가운데 하나가 된다. 그러나 그가 죽자, 유대 국가는 분열된다. 역대하 2장에는 솔로몬의 남은 임기 때부터 바벨론에 의해 예루살렘의 멸망까지의 비교적 더 하나님의 뜻에 순종하는 남쪽 유다 국가의 여러 왕들이 사실대로 소개되어 있다. 이 책은 유대인의 황폐한 성전건축을 허용하는 바사 왕 고레스와 함께 끝난다.

요절

"이스라엘의 하나님 여호와여 천지에 주와 같은 신이 없나이다 주께서는 온 마음으로 주의 앞에서 행하는 주의 종들에게 언약을 지키시고 은혜를 베푸시나이다"(6:14).

요점

역대하는 역대상(두 책이 원래는 하나였다)의 이야기를 분명하고 자세하게 계속 기록한 후, 에스라서의 첫 장의 세 구절을 되풀이 하는 두 구절로 끝을 맺는다.

적용

하나님은 사람들에게 고통을 주시려는 것이 아니라, 그분께 되돌아오게 하시려는 의도를 가지고 계신다.

에스라

기록자

밝혀지지는 않았지만 제사장 에스라로 여겨진다(7:11).

기록연대

대략 BC 530년부터 BC 440년대 중간까지.

핵심개요

영적 회복이 유대인들이 바벨론 포로에서 돌아온 후 시작된다.

상세개요

바벨론이 예루살렘을 약탈하고 유대인들을 포로로 잡아간 후,

약 반세기만에 바사는 세계의 새로운 강대국이 되었다. 고레스 왕은 포로의 무리들에게 성전을 건축하도록 하기 위해서 유다로 되돌아가도록 허용한다. 약 4천 2백 명이 그 땅으로 되돌아가서 다시 안주한다. 약 7년 후에, 에스라는 되돌아온 더 적은 무리 가운데 속한 사람이다. 그는 거의 모세에 의해서 엄격히 금지된(신 7:1~3) 이교도와 결혼을 할 정도까지 하나님께 변절을 한 백성들에게 율법을 가르친다.

요절

"에스라가 여호와의 율법을 연구하여 준행하며 율례와 규례를 이스라엘에게 가르치기로 결심하였었더라"(7:10).

요점

"하나님은 이혼하는 것"(말 2:16)을 미워하신다고 하셨지만, 에스라는 유대 남자들에게 그들의 이방 아내들에게서 갈라서라고 요구한다(10:9~11).

적용

에스라서에서 하나님은 불순종으로 벌을 받아온 민족에게 새로운 출발을 허용하시므로 기꺼이 두 번째 기회를 주시는 호의를 베풀어주신다.

느헤미야

⚜ 기록자

"느헤미야의 말"(1:10), 이 말이 느헤미야에 의해서 파피루스에 기록되었다고 역시 유대 전통은 전한다.

⚜ 기록연대

대략 BC 445년.

⚜ 핵심개요

유대인들이 포로에서 돌아와서 예루살렘의 무너진 성벽을 재건한다.

⚜ 상세개요

느헤미야는 바사(페르시아)의 수산궁에서 "술관원"(술을 따르는 사람 – 역주, 1:11) 직에 있었다. 유대인으로써 그는 포로들이 거의 100년에 걸쳐서 유다로 돌아왔지만, BC 586년경에 바벨론에 의해서 황폐화된 그 도시의 성벽을 재건하지 못했다는 것을 알고 낙담했다. 느헤미야는 예루살렘으로 돌아가게 해달라는 왕의 허락을 구해서 돌아가라는 허락을 받았다. 그곳에서 그는 성전건축 팀을 지휘하여 많은 이방인들의 반대에도 불구하고 52일 만에 성벽을 재건한다. 이 계획에 대한 신속한 공사는 "우리 하나님께서 이 역사를 이루신 것을 아는"(6:16) 유대인들의 적들에게 충격을 주었다.

⚜ 요절

"내 하나님이여 내가 이 백성을 위하여 행한 모든 일을 기억하사 내게 은혜를 베푸시옵소서"(5:19).

⚜ 요점

몇몇 동료 유대인들이 이방인들과 결혼한 것에 분노한 느헤미야는 "그들을 책망하고 저주하며 그들 중 몇 사람을 때리고 그들의 머리털을 뽑았다"(13:25).

적용

예루살렘 성벽 재건에서 느헤미야의 성공, 특히 변함없이 기도에 초점을 맞추는 그의 지도력은 오늘날 많은 지도력의 원리를 제공한다.

에스더

기록자

밝혀지지는 않았지만 아마도 에스라 또는 느헤미야일 것이다.

기록연대

대략 BC 486~465년 바사의 아하수에로 왕의 통치 동안, 에스더는 대략 BC 479년에 왕비가 되었다.

핵심개요

아름다운 유대 소녀가 왕비가 되어서 동료 유대인들을 대량학살에서 구한다.

⚜ 상세개요

전국적인 미녀 대회에서, 참신한 에스더는 유대인 신분을 드러내지 않고 바사의 왕비가 된다. 왕실의 고위관리(모르드개)가 그 나라에 있는 모든 유대인들을 살해하려는 음모를 꾸밀 때 에스더는 왕에게 유대 민족의 생명을 위해서 자신의 생명을 건다. 에스더를 만족스러워하는 왕은 그의 고위관리의 음모에 충격을 받고 그 사람을 교수형에 처하고, 한편 유대인들은 계획된 살해 음모에 저항하여 그들 자신을 지켜내야 했던 그 사건을 법령으로 정한다. 유대인들은 그날을 부림절이라는 공휴일로 그 사건을 널리 알리고 기념한다.

⚜ 요절

"에스더가…모든 보는 자에게 사랑을 받더라"(2:15).

⚜ 적용

우리가 부당한 상황을 만났을 때 그것은 선한 일을 성취하기 위해서 에스더가 수행했던 것과 같은 이유가 있을 것이다.

욥기

⚜ 기록자

밝혀져 있지 않다.

⚜ 기록연대

분명하지 않지만, 많은 사람들은 욥기가 성경에 있는 가장 오래된 이야기라고 믿는다. 대략 BC 2000년경이었을 것이다.

⚜ 핵심개요

하나님은 자신의 목적을 위해서 인간에게 고난을 허용하신다.

⚜ 상세개요

대 가족의 대표인 욥은 우스라고 부르는 곳의 부유한 농부였다. 그는 하나님이 사탄의 주의를 그에게 쏠리게 할 만큼 "온전하고 정직한"(1:1) 사람이었다. 냉혹한 사탄은 욥의 소유물을 공격하기 위해서 하나님께 요청하여 허락을 받는다. 수천 마리의 양, 낙타, 황소, 나귀, 그리고 무엇보다도 최악은 욥의 열 자녀들을 죽인다. 사탄의 공격에도 불구하고 욥은 자신의 믿음을 지켰다. 사탄은 그러자 욥의 건강을 공격하도록 하나님의 허락을 받는다. 지독한 육신의 고통에도 불구하고 욥은 "하나님을 욕하고 죽으라"(2:9)는 그의 아내의 말을 거절했다. 하지만 욥은 왜 하나님이 자신에게(선한 사람) 그토록 심한 고난을 받게 하시는지 묻기 시작한다. 욥의 고난은 자신의 고통이 남의 눈에 띄지 않은 죄 때문이라고 책망하기 시작하는 네 명의 "친구들"의 방문으로 악화되었다. 데만 사람 엘리바스는 이렇게 묻는다. "네 악이 크지 아니하냐?"(22:5). 끝에 가서, 하나님은 그의 친구들 앞에서 직접 욥을 변호하시고 또한 모든 것을 포함하는 인간의 고난의 문제에 대해서 설명하고 가르치신다. 따라서 욥은 하나님이 말씀하시는 것은 "못 하실 일이 없사오며"(42:2)라고 말한다. 이야기 끝에, 하나님은 욥의 건강, 소유물, 그리고 가족을 회복시키시고 열 명의 자녀를 더 주신다.

⚜ 요절

"이르되 내가 모태에서 알몸으로 나왔사온즉 또한 알몸이 그리로 돌아가올지라 주신 이도 여호와시요 거두신 이도 여호와시오니 여호와의 이름이 찬송을 받으실지니이다"(1:21).

"여인에게서 태어난 사람은 생애가 짧고 걱정이 가득하다"(14:1).

"너희는 다 재난을 주는 위로자들이로구나"(16:2).

"내가 스스로 거두어들이고 티끌과 재 가운데에서 회개하나이다"(42:6).

⚜ 요점

욥기서는 사탄이 하나님 앞으로 나아오는 것을 눈에 보이듯이 말씀한다(1:6). 또한 욥이 "내가 알기에는 나의 대속자가 살아 계시니 마침내 그가 땅 위에 서실 것이라"(19:25)고 말함으로 예수님의 사역에 대한 구약의 단서를 준다.

적용

고난은 개인적인 삶속에서 죄의 필연적 결과가 아니다. 하나님이 우리를 그분께 더 가까이 이끄시기 위해서 허용하신 것이 될 수도 있다.

시편

기록자

서로 다른 시편은 거의 반이 다윗 왕이 쓴 것으로 여겨진다. 다른 기록자의 이름은 솔로몬, 모세, 아삽, 에단, 헤만, 그리고 고라의 자손들을 포함한다. 또한 기록자를 언급하지 않은 많은 시편이 있다.

기록연대

대략 BC 1400년(모세 시대)에서 BC 500년(유대인들의 바벨론 포로시기)까지.

핵심개요

수세기에 걸쳐, 하나님은 여러 사람에게 감정을 담은 시를 짓도록 하셨다. 그 가운데 150편이 우리가 아는 시편책으로 편집되었다. 많은 시편은 이스라엘의 위대한 "왕에 의한, 왕을 위한, 왕에 관한"을 의미할 수 있는 "다윗의 시"라고 말씀한다. 책의 중요부분은 메시야의 구속사역의 의미와 연관이 있는 고난의 시(22:1), 하나님을 보호자와 공급자라고 말씀하는 "목자의 시"(23편), 그가 밧세바와 죄악을 범한 후 용서를 얻기 위한 다윗의 울부짖음(51편), 찬양의 시(100편은 유력한 실례이다), 176절 거의 모두 하나님의 율법, 규례, 명령, 지혜, 그리고 그와 같은 것을 언급하는 시편 119편에서 볼 수 있는 축전의식, 몇 편의 시는 "저주"의 시라고 부르는 적에 대한 하나님의 심판을 요청한다(시편 69편과 109편의 실례를 보라). 많은 시편은 기록자의 고뇌를 표현하지만, 그러나 거의 모든 시편이 하나님께 대한 찬양의 주제로 되돌아온다. "호흡이 있는 자마다 여호와를 찬양할지어다 할렐루야"(150:6).

요절

"여호와 우리 주여 주의 이름이 온 땅에 어찌 그리 아름다운지요 주의 영광이 하늘을 덮었나이다"(8:1).

"내 하나님이여 내 하나님이여 어찌 나를 버리셨나이까 어찌 나를 멀리 하여 돕지 아니하시오며 내 신음 소리를 듣지 아니하시나이까"(22:1).

"여호와는 나의 목자시니 내게 부족함이 없으리로다"(23:1).

"하나님이여 내 속에 정한 마음을 창조하시고 내 안에 정직한 영을 새롭게 하소서"(51:10).

"내가 주께 범죄하지 아니하려 하여 주의 말씀을 내 마음에 두었나이다"(119:11).

"내가 산을 향하여 눈을 들리라 나의 도움이 어디서 올까 나의 도움은 천지를 지으신 여호와에게서로다"(121:1~2).

"보라 형제가 연합하여 동거함이 어찌 그리 선하고 아름다운고"(시 133:1).

요점

시편의 책은 장수(150편)와 총체적인 단어 수의 각도에서 보면 성경에서 가장 길다. 성경에서 가장 긴 장(176절로 된 119편)과 가장 짧은 장(2절로 된 117편)을 포함한다. 시편 117편의 요점은 개신교 성경의 앞에 594장과 뒤에 594장의 중심점이다.

적용

시편은 전반에 인간의 감정이 흐른다. 이것이 그토록 많은 사람이 기쁠 때나 슬플 때 시편으로 향하게 하는 이유이다.

잠언

기록자

무엇보다도 먼저 "지혜 있는 자"(22:17)로 여겨지는 솔로몬(1:1), 아굴(30:1), 그리고 르무엘 왕(31:1). 후자 두 사람은 거의 알려지지 않았다.

기록연대

솔로몬은 대략 BC 970~930년에 통치했다. 약 200년 뒤에 살았던 히스기야 왕의 신하들이 오늘날 우리가 가지고 있는 책의 후반부 전부를 필사해서 편집했다(25:1).

핵심개요

간결해서 기억하기 쉬운 잠언은 지혜를 찾는 사람들에게 용기를 북돋아준다.

⚜ 상세개요

잠언은 이야기의 줄거리가 아니라, 삶을 위한 알기 쉬운 실제적인 정보를 수집한 책이다. 주로 열왕기상 3장 12절에서 하나님이 "내가 네 말대로 하여 네게 지혜롭고 총명한 마음을 주노니 네 앞에도 너와 같은 자가 없었거니와 네 뒤에도 너와 같은 자가 일어남이 없으리라"고 말씀하셨던 가장 지혜로운 사람 솔로몬 왕의 저술에서, 잠언은 일, 돈, 성, 시험, 술, 게으름, 징계, 그리고 자녀 양육과 같은 문제에 대해서 말씀하고 있다. 각 잠언의 근원은 "여호와를 경외하는 것이 지식의 근본이다"(1:7)라는 진리이다.

⚜ 요절

"너는 마음을 다하여 여호와를 신뢰하고 네 명철을 의지하지 말라"(3:5).

"게으른 자여 개미에게 가서 그가 하는 것을 보고 지혜를 얻으라"(6:6).

"지혜로운 아들은 아비를 기쁘게 하거니와 미련한 아들은 어미의 근심이니라"(10:1).

"아름다운 여인이 삼가지 아니하는 것은 마치 돼지 코에 금고리 같으니라"(11:22).

"매를 아끼는 자는 그의 자식을 미워함이라 자식을 사랑하는 자는 근실히 징계하느니라"(13:14).

"유순한 대답은 분노를 쉬게 하여도 과격한 말은 노를 격동하느니라"(15:1).

"너의 행사를 여호와께 맡기라 그리하면 네가 경영하는 것이 이루어지리라"(16:3).

"미련한 자라도 잠잠하면 지혜로운 자로 여겨지니라"(17:28).

"여호와의 이름은 견고한 망대라 의인은 그리로 달려가서 안전함을 얻느니라"(18:10).

"포도주는 거만하게 하는 것이요 독주는 떠들게 하는 것이라 이에 미혹되는 자마다 지혜가 없느니라"(20:1).

"많은 재물보다 명예를 택할 것이요 은이나 금보다 은총을 더

욱 택할 것이니라”(22:1).

“미련한 자의 어리석은 것을 따라 대답하지 말라 두렵건대 너도 그와 같을까 하노라”(26:4).

“친구의 아픈 책망은 충직으로 말미암는 것이나 원수의 잦은 입맞춤은 거짓에서 난 것이니라”(27:6).

요점

잠언의 마지막 장은 그 시기와 문화의 관점에서 보면 다소 이례적인 아내들을 칭찬하는 긴 시를 포함한다.

적용

잠언 4장 7절에서 보여주는 것처럼 지혜는 “네가 얻은 모든 것을 가지고 명철을 얻는” 으뜸가는 것이다. 만일 당신이 지혜의 도움이 필요하다면, 바로 하나님께 구하라(약 1:5).

전도서

기록자

밝혀지지는 않았지만 기록자는 "다윗의 아들"(1:1)과 "예루살렘에서 이스라엘을 다스리는 왕"(1:12, KJV)으로 확인되며, 그리고 그는 "나보다 먼저 예루살렘에 있었던 모든 사람들보다 더 많은 지혜를 얻었다"고 말한다(1:16, KJV).

기록연대

대략 BC 900년.

핵심개요

하나님과 떨어져 사는 삶은 공허하며 만족스럽지 못하다.

상세개요

왕은 결국 충족되지 않을 이 세상 것들을 얻으려고 애를 쓴다. 지식, 즐거움, 일, 웃음… 등. 그러나 그는 "모든 것이 헛되다"(1:2) 라고 말한다. 왕은 또한 삶의 불공평에 대해서 불평을 한다. 사람은 살고, 고된 일을 하고, 그리고 오직 누군가에게 그들의 소유물을 남기고 죽는다, 악한 사람이 의로운 사람보다 더 잘 된다, 가난한 사람이 크게 차별을 받는다… 등. 그럼에도 불구하고 왕은 "모든 일의 결론은 하나님을 경외하고 그분의 명령을 지키는 것" 이라는 것을 깨닫는다. 이는 이것이 사람의 모든 본문이기 때문이다(12:13, KJV).

요절

"범사에 기한이 있고 천하만사가 다 때가 있다"(3:1).

"너는 청년의 때에 너의 창조주를 기억하라…"(12:1).

요점

일반적으로 책의 부정적인 말투가 다소의 독자들에게 솔로몬의 수백 명의 아내들이 그를 하나님께로부터 탈선하게 만들었던 그의 생애 후반에 과연 이 책을 썼을까 의심을 갖게 한다.

적용

삶은 언제나 이해할 수 있는 것이 아니다. 그러나 항상 알고 계시는 하나님이 계신다.

아가서

⚜ 기록자

어떤 사람은 "솔로몬의" 아가서가 "그에 의한, 그를 위한, 또는 그에 관한"을 의미할 수 있는 "다윗의" 시편과 같지 않을까 의심하지만, 이 책의 기록자는 솔로몬(1:1)이다.

⚜ 기록연대

솔로몬은 대략 BC 970~930년경에 통치했다.

⚜ 핵심개요

부부의 사랑은 축하를 받을 가치가 있는 아름다운 일이다.

상세개요

피부가 검은 미인이 왕과 결혼하고, 둘은 감격한다. 그는 "내 사랑아 너는 어여쁘고 어여쁘다 네 눈이 비둘기 같구나"(1:15)라고 그녀에게 말한다. "나의 사랑하는 자야 너는 어여쁘고 화창하다 우리의 침상은 푸르구나"(1:16)라고 그녀가 응답한다. 두 연인은 전체의 8장과 117절로 구성된 문장에서 각각 상대방의 육체적인 아름다움에 감탄하여 그들의 사랑과 헌신을 표현한다.

요절

"내게 입 맞추기를 원하니 네 사랑이 포도주보다 나음이로구나"(1:2).

"그가 나를 인도하여 잔칫집에 들어갔으니 그 사랑은 내 위에 깃발이로구나"(2:4).

"많은 물도 이 사랑을 끄지 못하겠고 홍수라도 삼키지 못하리라…"(8:7).

요점

에스더서와 같이 아가서는 "하나님"의 이름을 결코 언급하지 않는다.

적용

하나님은 남편과 아내의 즐거움을 위해서 결혼하게 하셨다. 따라서 부부간의 사랑은 하나님의 백성에 대한 그분의 기쁨을 생생하게 나타낼 수 있다.

⚜ 기록자

아모스의 아들 이사야.

⚜ 기록연대

대략 BC 740~700년경, "웃시아 왕이 죽던 해에" 시작되었다 (6:1).

⚜ 핵심개요

메시야가 오시면 사람들을 그들의 죄에서 구원하실 것이다.

⚜ 상세개요

대부분의 선지자들처럼, 이사야도 죄의 형벌에 대한 좋지 않은 소식을 전한다. 그러나 그는 또한 "우리의 허물 때문에 찔리시고…우리의 죄악 때문에 상하시고…그분이 채찍에 맞음으로 우리가 나음을 입음"(53:5) 메시야가 오시는 상황을 설명한다. 하늘로부터 깜짝 놀라게 하는 환상(6장)을 통해서 성직에 부름을 받은 후, 이사야는 약 700년 후 예수 그리스도의 탄생, 삶, 그리고 죽으심에 대한 예언을 기록하기 위해서 어떤 사람들이 제 "5복음"이라고 부르는 책을 썼다. 이 구속의 선지자들은 유다와 예루살렘에 대한 하나님의 징계에 대한 울적한 약속을 비교하는데, 유다와 예루살렘은 약 1세기 후 바벨론 군대에 의해서 황폐화되었다. 이사야의 예언은 긴 부분으로 끝나고(46~66장), 이스라엘에 대한 하나님의 회복, 그분의 구원의 약속, 그리고 그분의 영원하신 왕국에 대한 특징을 말한다.

요절

"서로 불러 이르되 거룩하다 거룩하다 거룩하다 만군의 여호와여 그의 영광이 온 땅에 충만하도다 하더라"(6:3).

"보라 처녀가 잉태하여 아들을 낳을 것이요 그의 이름을 임마누엘이라 하리라"(7:14).

"이는 한 아기가 우리에게 났고 한 아들을 우리에게 주신바 되었는데 그의 어깨에는 정사를 메었고 그의 이름은 기묘자라, 모사라, 전능하신 하나님이라, 영존하시는 아버지라, 평강의 왕이라 할 것임이라"(9:6).

"우리는 다 양 같아서 그릇 행하여 각기 제 길로 갔거늘 여호와께서는 우리 모두의 죄악을 그에게 담당시키셨도다"(53:6).

요점

이사야는 예언자적인 이상한 이름을 가진 두 자녀가 있었다. 스알야숩(7:3)은 "남은 자가 돌아올 것이다"라는 의미이며, 마헬살랄하스바스(8:3)는 "급히 노략하다"는 의미이다. 스알야숩이란 이름은 유대인들이 어느 날 바벨론 포로에서 고국으로 돌아올 것이라는 하나님의 약속을 갖고 있고, 마헬살랄하스바스라는 이름은 그의 나라의 적들이 앗수르 군대에 의해서 다루어질 것이라는 사실을 유다의 왕에게 보증하는 의미이다.

적용

사역 초기에 예수님은 자신이 이사야의 예언을 성취하신다는 말씀을 하셨다. "여호와께서 내게 기름을 부으사 온유한 자(KJV)

에게 아름다운 소식을 전하게 하려 하심이라 나를 보내사 마음

이 상한 자를 고치며 포로된 자에게 자유를, 갇힌 자에게 놓임을 선포하게하심이라"(61:1~2). 하나님이 우리를 돌보신다니 얼마나 놀라운 일인가!

예레미야

기록자

서기관 바룩(36:4)의 도움을 받은 예레미야(1:1).

기록연대

대략 BC 585년.

핵심개요

여러 해 동안 사악한 행동을 한 후 유다는 벌을 받는다.

상세개요

소년으로 사역에 부름 받은 후(1:6), 예레미야는 유다에 좋지 않은 소식을 예언한다. "여호와의 말씀이니라 이스라엘 집이여 보라 내가 한 나라를 먼 곳에서 너희에게로 오게 하리라"(5:15). 예레미야는 그의 예언에 대해서 조롱을 당하고, 때로는 매질을 당하여 진흙 구덩이에 투옥되었다(38장). 그러나 그의 예언은 52장의 바벨론의 침입으로 적중했다.

요점

우리가 읽는 예레미야서는 분명히 증보되었고 파기된 초고의 둘째 판이다. 여호와김 왕은 불행을 예고하는 예레미야의 예언에 분노하여 "면도칼로 두루마리를 베어 화로 불에 던져서 모두 태워버렸다"(36:23). 하나님의 명령에 예레미야는 특별한 재료로 두 번째 두루마리를 만들었다.

요절

"이스라엘 족속아…이스라엘 족속아 진흙이 토기장이의 손에 있음 같이 너희가 내 손에 있느니라"(18:6).

적용

예레미야를 통해서 하나님은 유다에게 회개할 약 40년을 주셨다. 하나님은 "너희를 대하여 오래 참으사 아무도 멸망하지 아니하고 다 회개하기에 이르기를 원하시느니라"(벧후 3:9)고 하셨다.

기록자

밝혀지지는 않았지만 전통적으로 예레미야로 여겨진다.

기록연대

대략 BC 586년경 곧 예루살렘이 바벨론에 함락된 직후.

핵심개요

예루살렘의 멸망에 대한 절망적인 시적 형식.

상세개요

하나님께 순종하라고 남쪽 유다에 경고를 한 후, 선지자 예레미야는 그가 위협을 받아온 벌에 대해서 증언한다. "유다의 원수들이 형통하다니, 이는 유다의 많은 범죄로 인하여 주께서 그들을 괴롭게 하셨기 때문이라, 유다의 자녀들이 원수 앞에서 포로가 되어 갔도다"(1:5, KJV). 그 광경은 예레미야의 눈에 눈물을 자아내게 하고("내 눈에 눈물이 물같이 흘러내림이여" 1:16), 그에게 "눈물의 선지자"라는 별명을 준다. 예레미야 애가는 구슬픈 울부짖음으로 끝난다(5:22).

요절

"여호와여 우리를 주께로 돌이키소서 그리하시면 우리가 주께로 돌아가겠사오니 우리의 날들을 다시 새롭게 하사 옛적 같게 하옵소서(5:21).

요점

예레미야 애가가 기록자를 보여주지는 않지만, 예레미야를 애가의 저자로 역대하(35:25)에서 말씀하고 있다.

적용

하나님의 벌은 엄하게 보이지만, 그러나 히브리서는 이렇게 말한다. "무릇 징계가 당시에는 즐거워 보이지 않고 슬퍼 보이나 후에 그로 말미암아 연단 받은 자들은 의와 평강의 열매를 맺느니라"(히 12:11).

에스겔

기록자

제사장 에스겔(1:1~3).

기록연대

대략 BC 590~570년경.

핵심개요

이스라엘이 포로 가운데 있을지라도 그 국가는 회복될 것이다.

상세개요

바벨론의 포로가 된 유대인인 에스겔은 동료 포로들에게 하나님의 대언자가 되었다. 그는 사람들과 독특한(실로 기묘한) 환상을 나눈다. 그것은 그들을 포로가 되게 했던 죄를 일깨우는 것이지만, 국가의 회복에 대한 소망을 준다.

요절

"주 여호와의 말씀이니라 죽을 자가 죽는 것도 내가 기뻐하지 아니하노니 너희는 스스로 돌이키고 살지니라"(18:32).

요점

골짜기 마른 뼈들의 환상은 에스겔서의 가장 강한 실상 가운데 하나이다. "이에 내가 명령을 따라 대언하니…소리가 나고 움직이며 이 뼈, 저 뼈가 들어맞아 뼈들이 서로 연결되더라…그 뼈에 힘줄이 생기고 살이 오르며 그 위에 가죽이 덮이나 그 속에 생기는 없더라…이에 내가 그 명령대로 대언하였더니 생기가 그들에게 들어가매 그들이 곧 살아나서 일어나 서는데 극히 큰 군대더라"(37:7~8, 10).

적용

에스겔은 개인적인 책임에 대해서 단호하게 가르친다. "범죄하는 그 영혼은 반드시 죽으리라 그러나 사람이 만일 의로워서

정의와 공의를 따라 행하며, 내 율례를 따르며 내 규례를 지켜 진실하게 행하면…그는 반드시 살리라 주 여호와의 말씀이니라" (18:4~5, 9).

다니엘

⚜ 기록자

어떤 사람은 이것에 이의를 제기하지만 아마 다니엘일 것이다.

⚜ 기록연대

바벨론 포로기간, 대략 BC 605~538년.

⚜ 핵심개요

흥미를 끄는 이야기의 배경 속에서 하나님께 충성을 한 다니엘이 축복을 받는다.

상세개요

소년 다니엘은 사드락, 메삭, 아벳느고라고 알려진 세 사람과 함께 바벨론 왕의 시중을 들게 하기 위해서 예루살렘서 포로로 잡혀갔다. 꿈을 해석하는 능력을 주신 다니엘의 하나님은 그를 느부갓네살 왕에게 사랑을 받게 한다. 다니엘이 말하는 그의 거대한 신상의 환상은 현존하는 왕국과 미래의 왕국을 의미한다. 사드락, 메삭, 아벳느고는 느부갓네살 왕의 신상 앞에 절하라는 명령을 어겼을 때 어려움에 처한다. 그 벌로 그들은 맹렬히 타는 풀무불 속에 던져졌고 그곳에서 그들은 "하나님의 아들과 같은" (3:25, KJV) 존재에 의해서 보호를 받는다. 그 뒤를 이은 바벨론 왕 벨사살은 예루살렘 성전에서 탈취하여 온 컵을 사용하여 술잔치를 베푸는데, 그때 그는 실제로 사람의 손가락이 나타나서 "벽에 글을 쓰는 것"을 보게 된다. 그것을 다니엘은 메데에 의해서 바벨론이 머지않아 접수될 것이라고 해석한다. 메데 왕 다리오는 다니엘을 조언자로 세우지만, 시기하는 관리들이 다니엘을 해치기 위해서 음모를 꾸민 법을 승인함으로 농락을 당한다. 이에 다니엘은 결국 사자 굴에 던져진다. 다시 한 번 하나님은 그분의 백성들을 보호하신다. 사자 굴에서 하루 밤을 보낸 다니엘은 음모자들과 대체되었고 그들은 굶주린 사자에 의해서 죽임을 당한다. 마지막 여섯 장은 마지막 때의 "일흔 이레 환상" (이레에 해당하는 히브리어 '샤브임'은 '일곱'의 의미로 한 주를 가리킨다. 따라서 일흔 이레는 문자적으로 칠십 주간을 의미한다. - 역주)을 포함한 다니엘의 예언의 환상을 포함한다.

요절

"왕이여 우리가 섬기는 하나님이 계시다면 우리를 맹렬히 타는 풀무불 가운데에서 능히 건져내시겠고 왕의 손에서도 건져내시리이다"(3:17).

"나의 하나님이 이미 그의 천사를 보내어 사자들의 입을 봉하셨으므로 사자들이 나를 상해하지 못하였사오니…하니라(6:22).

"나의 하나님이여…우리가 주 앞에 간구하옵는 것은 우리의 공의를 의지하여 하는 것이 아니요 주의 큰 긍휼을 의지하여 함이니이다"(9:18).

요점

이 책은 원래 두 언어로 기록되었다. 히브리어(서론과 대부분의 예언, 1장과 8~12장)와 아람어(2~7장의 이야기).

적용

옛 노래는 이렇게 전한다. "과감하게 다니엘처럼 되라." 하나님은 항상 "과감히 홀로서서…그분을 위해서 과감히 분명하게 목적을 고수하고…과감히 그것을 알리는 사람"을 돌보신다.

호세아

⚜ 기록자

본문에 첫 번째와 세 번째 사람이 있지만, 아마도 호세아일 것이다.

⚜ 기록연대

대략 BC 750년 어느 때(대략 호세아가 사역을 시작할 때)와 BC 722년(앗수르가 이스라엘을 침략했을 때).

⚜ 핵심개요

음란한 여자와 선지자의 결혼은 하나님과 이스라엘의 관계를 나타낸다.

상세개요

하나님은 호세아에게 이상한 명령을 하신다. "너는 가서 음란한 여자를 맞이하여 음란한 자식들을 낳으라"(1:2). 불성실한 아내와 고귀하고 성실한 남편의 결혼은 이스라엘과 하나님의 관계를 생생하게 보여준다. 호세아는 고멜이라고 하는 음란한 여자와 결혼하고 그녀와 가정생활을 시작한다. 고멜이 죄의 생활로 되돌아갔을 때 하나님의 신실하심을 생생하게 보여주는 호세아는 노예시장에서 그녀를 다시 산다. 이 책은 불순종에 대한 하나님의 경고를 포함하지만, 또한 회개에 대한 그분의 축복의 약속을 포함한다.

요절

"그들이 바람을 심고 광풍을 거둘 것이라 심은 것이 줄기가 없으며 이삭은 열매를 맺지 못할 것이요 혹시 맺을지라도 이방 사람이 삼키리라"(8:7).

요점

고멜은 세 자녀가 있었다. 그들은 아마도 호세아의 자녀일 것이다. 그러나 아닐 수도 있다. 각 자녀에게는 예언자적인 이름이 지어졌다. 아들 이스르엘은 "대학살에 대한" 이름이 지어졌고, 딸 로우하마라는 이름은 "사랑하지 않겠다"는 의미이며, 그리고 아들 로암미라는 이름은 "나의 백성이 아니다"는 의미이다.

적용

그분의 백성은 그렇지 않을지라도 하나님은 신실하시다. 그분은 항상 용서할 준비가 되어 있으시다. "내가 그들의 타락한 것을 고치고." 하나님은 호세아를 통해서 말씀하신다. "내가 그들을 아낌없이 사랑하겠다"(KJV).

요엘

기록자

브두엘의 아들 요엘(1:1). 그밖에 그에 대해서 알려진 것이 거의 없다.

기록연대

분명하지는 않지만 아마도 바벨론이 대략 BC 586년에 유다를 침략하기 전쯤.

핵심개요

메뚜기 재앙은 그분의 사악한 백성에 대한 하나님의 심판을 생생하게 나타낸다.

⚜ 상세개요

황폐시키는 메뚜기 떼는 유다 국가의 침략을 말한다. 요엘은 이 자연적인 재앙은 "주의 크고 심히 두려운 날"(2:11, KJV)이 오는 것과 비교할 것은 아무것도 없다는 것을 예시한다. 하나님은 그 백성들의 죄 때문에 심판을 작정하셨지만, 그러나 그들에게는 여전히 회개할 기회가 주어져 있었다. 그리고 순종한 육체와 영혼에게는 회복이 있을 것을 말한다. "내가 내 영을 만민에게 부어주리니"(2:28). 성령이 오순절 날에 믿는 사람들에게 임했을 때, 사도 베드로는 일어난 일을 설명하기 위해서 이 구절을 인용한다(행 2:17).

⚜ 요절

"누구든지 주의 이름을 부르는 자는 구원을 받을 것이다"(2:32, KJV).

"많은 무리가 있음이여, 심판의 골짜기에 많은 무리가 있음이여, 이는 주님의 날이 심판의 골짜기에 가까이 왔기 때문이라"(3:14, KJV).

⚜ 요점

유대인의 우상숭배, 불법, 또는 다른 특별한 죄를 정죄한 다른 선지자들과 달리 요엘은 지은 죄에 대해서 말하지 않고 오직 회개를 촉구한다.

적용

하나님은 죄를 심판하시지만, 우리 시대에 그분은 예수님을 통해서 항상 출구를 제시하신다.

아모스

기록자

아모스, 베들레헴 가까이에 있는 드고아에서 온 목자(1:1).

기록연대

대략 BC 760년.

핵심개요

참 종교는 그저 의식뿐 만이 아니라, 사람들을 정의로 대우한다.

상세개요

보통 사내, 보잘 것 없는 목자가 실제로 이스라엘 사회의 부유하고 유력한 사람들을 거론하며 그들의 우상숭배, 하나님의 선지자들에 대한 박해, 가난한 사람들을 사취하는 행위를 책망한다. 하나님은 이전에 이스라엘 백성들을 애굽의 노예의 처지에서 구하셨지만, 그분은 그들을 그들의 죄 때문에 새로운 노예의 처지로 보낼 준비를 하신다. 아모스는 이스라엘의 처지를 생생하게 나타내는 이상을 본다; 사람들이 하나님의 기준에 맞지 않은 것을 보여주는 다림줄, 국가에 하나님의 심판이 실행할 준비가 되었다는 것을 보여주는 익은 과일 한 광주리 등.

요절

"…이스라엘아 네 하나님 만날 준비를 하라"(4:12).

"너희가 살려면 선을 구하고 악을 구하지 말지어다"(5:14).

"오직 정의를 물같이 의를 힘찬 강같이 흐르게 할지어다"(5:24, KJV).

요점

남유다 왕국 출신인 아모스는 북왕국 이스라엘에 예언을 하라는 하나님의 명령을 받았다.

적용

당신은 당신 주위에 있는 사람을 어떻게 대우하는가? 하나님 보시기에, 그것은 당신의 영적 상태의 척도이다.

기록자

아마도 오바댜(1:1)라는 사람 또는 이름이 밝혀지지 않은(하나님의 종을 의미하는) "오바댜"라는 칭호로 부르는 선지자.

기록연대

분명하지는 않지만 대략 BC 586년경 바벨론이 남유다를 침략한 후 30년 이내.

핵심개요

에돔은 예루살렘 파괴 행위에 가담한 것 때문에 벌을 받을 것이다.

상세개요

에돔은 이스라엘의 족장 야곱의 쌍둥이 형제 에서의 계통을 잇는 민족이다. 두 사내아이들이 그들의 어머니 태속에서 싸웠다(창 25:21~26). 그들의 갈등은 수세기를 걸쳐서 계속되어 왔다. 에돔이 예루살렘을 약탈하는 바벨론에 협력한 일로 오바댜는 하나님의 심판에 대해서 전한다. "네가 네 형제 야곱에게 행한 포악으로 말미암아 부끄러움을 당하여 영원히 멸절되리라"(1:10).

요절

"시온산에 구원이 있으리라"(1:17, KJV).

요점

오바댜는 단지 1장 21절로 구성되어 있는 구약성경에서 가장 짧은 책이다.

적용

오바댜는 그분의 백성에 대한 하나님의 신실하심을 보여준다. 이 예언은 수세기 전 하나님 약속의 성취이다. "너를 축복하는 자에게는 내가 복을 내리고 너를 저주하는 자에게는 내가 저주하리라"(창 12:3).

요나

기록자

분명하지 않다. 요나의 이야기지만, 제 삼자에 의해서 쓰여졌다.

기록연대

대략 BC 760년. 요나는 약 BC 793~753년까지 통치했던 이스라엘의 왕 여로보암 2세(왕하 14:23~25 참조)의 통치 기간에 예언을 했다.

핵심개요

마음이 내키지 않아 하나님께로부터 도망한 선지자는 큰 물고기에게 삼킴을 당한다.

⚜ 상세개요

하나님은 요나에게 잔혹한 앗수르 제국의 수도 니느웨로 가서 회개를 촉구하라고 말씀하신다. 요나는 불순종하여 불멸을 의미하는 다시스로 향하기 위해서 반대 방향으로 항해한다. 폭풍이 요나의 배를 세차게 흔들고, 결국 하나님께 순종을 결심하기 전에 큰 물고기 배속에서 3일을 보낸다. 요나가 전도할 때 니느웨는 회개하고 하나님은 멸망시키겠다고 위협하셨던 그 도시를 용서하신다. 그러나 그 도시의 멸망을 예언했던 요나는 못마땅해서 입을 삐죽 내민다. 이 이야기는 사악한 이방인에게조차도 그분의 배려를 선포하시는 하나님으로 끝난다.

⚜ 요절

"나의 서원을 주께 갚겠나이다 구원은 여호와께 있나이다" (2:9).

"하물며 이 큰 성읍 니느웨는 좌우를 분변하지 못하는 자가 십이만여 명이요…내가 어찌 아끼지 아니 하겠느냐" (4:11).

⚜ 적용

하나님은 "누구든지" 사랑하신다. 그분의 선택된 백성들의 적

들조차도 사랑하신다. 로마서 5장 8절은 이렇게 말씀하신다. "우리가 아직 죄인 되었을 때에 그리스도께서 우리를 위하여 죽으심으로 하나님께서 우리에 대한 자기의 사랑을 확증하셨느니라."

미가

기록자

"모레셋 사람 미가에게 임한 주님의 말씀"(1:1, KJV). 미가는 예언을 기록하기도 하고 다른 사람에게 받아쓰게 하기도 했다.

기록연대

대략 BC 770년.

핵심개요

북이스라엘과 남유다는 그들의 우상숭배와 불법에 대해서 벌을 받을 것이다.

상세개요

미가는 거짓 신들을 따르고, 가난한 사람들을 속이는 것에 대해서 북이스라엘과 남유다 국가를 심하게 꾸짖는다. 두 국가는 침략자(앗수르)에 의해서 짓밟힐 것이다. 그러나 하나님은 "이스라엘의 남은 자"(2:12)를 보존하실 것이다.

요절

"사람아 주께서 선한 것이 무엇임을 네게 보이셨나니 여호와께서 네게 구하시는 것은 오직 정의를 행하며 인자를 사랑하며 겸손하게 네 하나님과 함께 행하는 것이 아니냐"(6:8).

요점

예수님 탄생 수세기 전에, 미가는 그 일이 일어날 도시에 대해서 예언했다. "베들레헴 에브라다야 너는 유다 족속 중 가장 작을지라도 이스라엘을 다스릴 자가 네게서 내게로 나올 것이라…"(5:2).

적용

미가는 하나님의 심판이 어떻게 자비로 완화되는지를 보여준다. "주와 같은 신이 어디 있으리이까 주께서는 죄악과 그 기업에 남은 자의 허물을 사유하시며 인애를 기뻐하시므로 진노를 오래 품지 아니하시나이다"(7:8).

기록자

"엘고스 사람 나훔의 묵시의 글"(1:1). 나훔은 예언을 기록하기도 하고 다른 사람에게 받아쓰게 하기도 했다.

기록연대

대략 BC 663년과 612년 사이 어느 때.

핵심개요

강력하고 사악한 니느웨는 하나님의 심판 아래서 멸망할 것이다.

상세개요

나훔은 "화 있을진저 피의 성이여!"(3:1)라고 외친다. 잔혹한 앗수르 제국의 수도인 니느웨는 우상숭배와 잔학한 죄에 대해서 "가증하고 더러운 것들을 네 위에 던져 능욕하여 너를 구경거리가 되게 하리라"(3:6)는 하나님의 심판의 목표가 되어왔다. 나훔의 예언은 바벨론 제국이 BC 612년경에 니느웨를 침략했을 때 실현되었다.

⚜ 요절

"여호와는 노하기를 더디 하시며 권능이 크시며 벌 받을 자를 결코 내버려두지 아니하시니라"(1:3).

"여호와는 선하시며 환난 날에 산성이시라 그는 자기에게 피하는 자들을 아시느니라"(1:7).

⚜ 요점

나훔은 이른바 요나의 제 2편이다. 그 도시가 이전에 요나의 전도를 마음으로 받아들여서 회개함으로 하나님의 심판을 피했지만, 70년이 지난 후 죄에 대한 예언의 완전한 결과를 경험할 것이다.

적용

세상에서 가장 강력한 도시라할지라도 하나님의 능력에 대항할 수 없다. 우리의 개인적인 생활 속에서 가장 큰 문제도 하나님의 능력에 비하면 아무것도 아니다.

하박국

기록자

하박국(1:1), 그의 배경에 대해서는 아무것도 알려진 것이 없다.

기록연대

대략 BC 600년.

핵심개요

하나님이 반응이 없으시거나 또는 불공평하게 보이더라도 그분을 신뢰하라.

상세개요

유다의 선지자는 하나님이 그분의 백성들 사이에 난폭과 불법을 용납하시는 것에 대해서 불평한다. 그러나 하박국은 문제를 다루시는 주님의 계획에 대해서 알고 충격을 받는다. 그분은 유다를 벌하기 위해서 "사납고 성급한 백성"(1:6)인 갈대아 사람들을 보내신다. 하박국은 갈대아 사람들은 불순종한 유대인들보다 훨씬 더 나쁘다고 주장하면서 하나님께 이렇게 말한다. "주께서는 눈이 깨끗하시므로 악을 차마보지 못하시나이다"(1:13). 그러나 주님은 오직 그분의 목적을 위해서 갈대아인들을 사용하셔서 조만간 그들의 죄를 벌하실 것이라고 말씀하신다. 하나님의 방법을 묻는 것이 하박국의 의무가 아니다. "오직 여호와는 그 성전에 계시니 온 땅은 그 앞에서 잠잠할지니라"(2:16). 하박국은 욥처럼 결국 하나님의 권위에 복종한다.

⚜ 요절

"…의인은 그 믿음으로 말미암아 살리라"(2:4).

"나는…나의 구원의 하나님으로 말미암아 기뻐하리로다"(2:18).

⚜ 요점

사도 바울은 로마서 1장에서 그의 설득력 있는 복음 제시에 하박국 2장 4절을 인용한다.

적용

우리가 사는 세상은 하박국 시대처럼 난폭과 불법으로 가득 차 있다. 그러나 하나님이 여전히 다스리고 계신다. 우리가 그것을 느끼든지 못 느끼든지 그분은 그분 자신의 목적을 성취하고 계신다.

스바냐

기록자

스바냐(1:1).

기록연대

대략 BC 640~620년 요시아 왕의 통치 기간.

핵심개요

다가오는 "여호와의 날"은 가혹한 심판을 말한다.

상세개요

스바냐는 귀에 거슬리는 예언으로 시작한다. "내가 땅위에서 모든 것을 진멸하리라"(1:2). 하나님은 2절에서 이렇게 선포하신다. 유다의 우상숭배에 대한 하나님의 진노의 희생으로 사람, 짐승, 새, 물고기 모두가 괴멸될 것이다. 바로 이웃에 있는 국가들도 하나님의 "질투의 불"(3:8)로 같이 벌을 받게 될 것이다. 그러나 소망이 있다. 그분의 자비로 하나님은 어느 날 "악을 행하지 아니하며 거짓말을 하지 않는" 이스라엘의 남은 자를 회복하실 것이다(3:13).

⚜ 요절

"여호와의 큰 날이 가깝도다 가깝고도 빠르도다"(1:14).

"너의 하나님 여호와가 너의 가운데에 계시니 그는 구원을 베푸실 전능자이시라 그가 너로 말미암아 기쁨을 이기지 못하시리라…"(3:17).

⚜ 요점

스바냐는 대부분의 소선지자들보다 자신에 대해서 더 상세하게 기록한다. 그는 자기 자신을 아마도 가장 평판이 좋고 경건한 유다의 왕(대하 29장) 히스기야(1:1)의 현손(손자의 손자 – 역주)이라는 것을 확인한다.

적용

스바냐는 유다 사람들에게 그분의 심판에 대해서 엄중한 경고를 한다. 그러나 그리스도인들에게 다가오는 "여호와의 날"은 두려워할 필요가 없다.

학개

기록자

학개(1:1).

기록연대

"다리오 왕 제 이년"(1:1)인 대략 BC 520년대 즈음. 이것은 바사(페르시아)의 기록문서에서 검증될 수 있다.

핵심개요

포로에서 돌아온 유대인들은 하나님의 성전 재건축을 필요로 한다.

⚜ 상세개요

세 명의 "바벨론 포로기" 선지자들 가운데 하나인 학개는 이전의 바벨론 포로들에게 파괴된 예루살렘 성전을 회복하도록 격려한다. 새로운 세계열강 바사는 이스라엘 백성들을 예루살렘으로 돌아가도록 허용했지만, 그들은 그들 자신의 안락한 집을 짓는데 마음을 돌린다. 그런 백성들에게 하나님은 가뭄과 병충해로 제대로 수확하지 못하게 하신다. 그 후 하나님은 학개를 통해서 그 가뭄을 해결하기 위해서는 먼저 성전을 재건하라고 말씀하신다.

⚜ 요절

"…이 땅의 모든 백성아 스스로 굳세게 하여 일할지어다 내가 너희와 함께 하노라 만군의 여호와의 말이니라"(2:4).

⚜ 요점

학개는 하나님이 "조금 있으면 내가 다시 한 번 내가 하늘과 땅과 바다와 육지를 진동시킬 것이요 또한 만국을 진동시킬 것이며 만국이 바라는 바가 이를 것이니라"(2:6~7, KJV)고 하나님의 말씀을 인용하므로 말세의 환난과 그리스도의 재림에 대해 넌지시 알리는 것 같다.

적용

우선순위가 중요하다. 우리가 하나님을 가장 중요시할 때 그 분은 우리를 더 축복하신다.

스가랴

⚜ 기록자

브레갸의 아들 스가랴(1:1). 어떤 사람은 9~14장을 기고한 또 하나의 이름이 밝혀지지 않은 사람이라고 믿는다.

⚜ 기록연대

대략 BC 520~475년.

⚜ 핵심개요

포로에서 돌아온 유대인들은 그들의 성전을 재건하고 그들의 메시야를 고대해야 한다.

⚜ 상세개요

다른 포로기 선지자인 학개와 같이 스가랴는 유대 백성들에게 예루살렘 성전을 재건하도록 촉구한다. 그는 또한 예루살렘에 대한 마지막 싸움에 대한 종말의 환상을 포함해서, "주께서 나아가사 그 민족들과 싸우시되…그분의 발이 예루살렘 앞 동쪽 올리브산 위에 서시고…그분이 온 땅을 다스리시는 왕이 되실"(14:3~4, 9, KJV) 메시야의 강림에 대해서 몇 가지 예언을 말한다.

⚜ 요절

"내게로 돌아오라 만군의 여호와의 말이니라 그리하면 내가 너희에게로 돌아가리라"(1:3).

⚜ 요점

나귀를 타시고 예루살렘으로 들어오시는 메시야(9:9)에 대한 스가랴의 예언은 예수님의 예루살렘 입성으로 성취되었다(마 21:1~11). "그들이 자기들이 찌른 나를 바라볼 것이라"(12:10)는 예언은 그리스도를 십자가에 못 박은 후 창으로 찌른 로마 병사들을 말한다(요 19:34).

적용

많은 스가랴의 특별한 예언이 예수님 안에서 성취된 것을 경험했기 때문에 우리는 말세에 대한 그의 예언들이 또한 실현될 것이라는 것을 믿을 수 있다.

말라기

기록자

말라기(1:1). "나의 심부름을 하는 자"라는 의미. 다른 항목은 없다.

기록연대

대략 BC 400년.

핵심개요

하나님에 대한 유대인들의 태도가 경솔했다.

상세개요

포로에서 돌아온 후, 한 세기를 예언하면서 말라기는 "저는 것

또는 병든"(1:8) 희생제물을 드리는 것, 이방 여인과 결혼하기 위해서 그들의 아내를 버리는 것(2:11, 14), 성전에 십일조를 드리지 않은 것(3:8)을 심하게 꾸짖는다. 주님은 "하나님을 섬기는 것이 헛되다"(3:14)고 하는 그들의 태도에 진노하셨지만, 순종하는 자들에게는 축복을 약속하셨다. "내 이름을 경외하는 너희에게는 공의로운 해가 떠올라서 치료하는 광선을 비추리라"(4:2).

요절

"…네게로 돌아오라 그리하면 나도 너희에게로 돌아가리라"(3:7).

요점

구약의 마지막 책인 말라기서는 3장 1절의 "내가 내 사자를 보내리니 그가 내 앞에서 길을 준비할 것이요 또 너희가 구하는바 주가 갑자기 그의 성전에 임하시리라"는 예언된 대로 세례 요한과 예수님, 즉 메시야가 등장할 때까지 약 400년을 대비한 하나님의 마지막 말씀을 포함한다.

적용

하나님은 헛된 종교적인 의식을 원치 않으신다. 그분은 사람들이 "영과 진리로"(요 4:24) 그분을 예배하기를 원하신다.

4권의 사복음서

마태복음, 마가복음, 누가복음, 요한복음

*

1권의 역사서

사도행전

*

21권의 서신서

로마서, 고린도전서, 고린도후서, 갈라디아서, 에베소서,
빌립보서, 골로새서, 데살로니가전서, 데살로니가후서, 디모데전서,
디모데후서, 디도서, 빌레몬서, 히브리서, 야고보서, 베드로전서,
베드로후서, 요한일서, 요한이서, 요한삼서, 유다서

*

1권의 예언서

요한계시록

New Testament

마태복음

기록자

밝혀지지는 않았지만 세관원(9:9) 마태로 여겨진다. 마태는 또한 “레위”로 알려졌다(막 2:14).

기록연대

대략 AD 70년, 로마가 예루살렘 성전을 파괴할 때.

핵심개요

예수님은 메시야의 강림에 대한 구약의 예언을 성취하신다.

상세개요

(“기쁜 소식”을 의미하는) 네 개의 “복음” 중 첫 번째 복음인 마태복음은 이전 구약에 일어났던 일이 신약에서 그 결과로 성취되는 것으

로 연결된다. 주로 유대인들을 대상으로 기록된 마태복음은 예수님이 유대인들이 수세기 동안 고대해 오던 약속된 메시야라는 것을 입증하기 위해서 매우 많은 구약의 구절을 인용한다. 족보로 시작되는 것은 예수님이 다윗 왕과 족장 아브라함의 자손이라는 것을 보여주고, 다음에 예수님의 수태에 대한 천사들의 예고와 황금과 유향, 그리고 몰약을 선물로 가지고 방문한 "지혜자들"(KJV)에 대해서 자세하게 기록한다. 마태는 예수님의 친척이며 선지자인 세례 요한의 인격을 소개하고 주된 제자 베드로, 야고보, 요한의 부르심에 대해서 서술한다. 예수님의 산상설교(5~7장)와 팔복("복이 있는 사람은…"), 그리고 주님의 기도("하늘에 계신 우리 아버지여…")를 포함한 긴 구절들이 그분의 가르침을 강조한다. 모든 4복음서와 마찬가지로, 마태복음은 예수님의 죽으심, 매장, 부활에 대해서 서술하고 여러 가지의 기적, 즉 성전 휘장이 찢어지고, 지진이 일어나고, 무덤이 열리고, 그리고 그 순간에 죽은 성도들의 생명이 살아나는 것을 언급하는 예수님의 유일한 전기이다(27:50~54).

⚜ 요절

"아들을 낳으리니 이름을 예수라 하라 이는 그가 자기 백성을 그들의 죄에서 구원할 자이심이라 하니라"(1:21).

"너희는 세상의 소금이니…너희는 세상의 빛이라"(5:13~14).

"나는 너희에게 이르노니 너희 원수를 사랑하며 너희를 박해하는 자를 위하여 기도하라"(5:44).

"비판을 받지 아니하려거든 비판하지 말라"(7:1).

"구하라 그리하면 너희에게 주실 것이요 찾으라 그리하면 찾아낼 것이요 문을 두드리라 그리하면 너희에게 열릴 것이니라"(7:7).

"그러므로 너희는 가서 모든 민족을 제자로 삼아 아버지와 아들과 성령의 이름으로 세례를 베풀라"(28:9).

요점

마태복음은 "교회"와 "하늘의 왕국"이라는 용어를 사용하는 유일한 복음이다.

적용

메시야로, 예수님은 왕이시며 또한 우리의 예배를 받으실 만한 분이시다.

마가복음

기록자

밝혀지지는 않았지만 전통적으로 바울과 바나바의 선교 동역자(행 12:25)와 사도 베드로의 조력자(벧전 5:13)였던 요한 마가로 여겨진다(9:9).

기록연대

대략 AD 60년경. 로마가 그리스도인들을 박해하는 기간.

핵심개요

예수님은 하나님의 아들이시며 모든 사람들의 고난을 받은 종이시다.

상세개요

4복음서 가운데 두 번째 복음인 마가복음은 대부분의 사람들에 의해서 가장 먼저 기록된 복음이라고 믿어진다. 마가복음은 대부분 마태와 누가복음에서 반복되는 예수님의 네 개의 전기 가운데 가장 간결하고 활기가 있다. 마가는 이방인들에게 예수님을 병든 사람을 치료하시고, 자연을 다스리시고, 그리고 사탄의 능력과 싸우시는 신적인 능력을 나타내시는 분으로 묘사한다. 고난 받는 종이라는 마가복음의 주제는 예수님을 죽이려고 했던 적대하는 의심자들, 즉 유대 지도자들(9:31), 그분을 배척했던 그분의 이웃들(6:3), 심지어 그분을 미쳤다고 생각하는 그분의 가족들(3:21)과 그분의 대화 가운데 그분의 이야기에서 나타난다. 예수님이 멸시를 당하신 것은 그분의 제자들이 수행해야 하는 일을 생생하게 나타낸다. "너희 중에 누구든지 크고자 하는 자는 너희를 섬기는 자가 되고 너희 중에 으뜸이 되고자 하는 자는 모든 사람의 종이 되어야 하리라 인자가 온 것은 섬김을 받으려 함이 아니라 도리어 섬기려하고 자기 목숨을 많은 사람의 대속물로 주려 함이니라"(10:43~45).

요절

"나를 따라오라 내가 너희로 사람을 낚는 어부가 되게 하리라"(1:17).

"어린아이들이 내게 오는 것을 용납하고 금하지 말라 하나님의 나라가 이런 자의 것이니라"(10:14).

"낙타가 바늘귀로 나가는 것이 부자가 하나님의 나라에 들어가는 것보다 쉬우니라"(10:12).

"가이사의 것은 가이사에게, 하나님의 것은 하나님께 바치라"(12:17).

"시험에 들지 않게 깨어 있어 기도하라 마음에는 원이로되 육신이 약하도다"(14:38).

요점

많은 사람들은 마가복음에 언급된 예수님이 체포되는 것을 목격했던 이름이 밝혀지지 않은 목격자가 마가라고 믿는다. "한 청년이 벗은 몸에 베 홑이불을 두르고 예수를 따라가다가 무리에게 잡히매 베 홑이불을 버리고 벗은 몸으로 도망하니라"(14:51~52).

적용

고난 받는 것과 잃어버리는 것은 반드시 무가치한 것이 아니

다. 실로 그리스도인들에게, 이들은 참 생명에 이르는 길이다 (8:35).

누가복음

⚜ 기록자

밝혀지지는 않았지만 전통적으로 이방인 의사(골 4:14)와 사도 바울의 선교 동역자(딤후 4:11)인 누가라고 여겨진다.

⚜ 기록연대

대략 AD 70~80년경. 복음이 로마 도처에 퍼지고 있을 때.

⚜ 핵심개요

예수님은 유대인이든지 이방이든지 모든 사람들의 구원자이시다.

⚜ 상세개요

누가복음은 데오빌로(1:3)라고 부르는 사람에게 보내졌다; 예수 그리스도에 관하여 "그 모든 일을 근원부터 자세히 미루어 살핀 나도 데오빌로 각하에게 차례대로 써 보내는 것이 좋은 줄 알았노니"(1:1). 어떤 사람은 데오빌로가 로마의 관원일 수도 있다고 생각하지만, 그가 누구인지는 명확하지 않다. 누가복음은 4복음서 가운데 가장 비유대적이며 가장 보편적이다. 누가는 모든 사람들의 공통적인 조상 "하나님의 아들"(3:38) 아담에게까지 거슬러 올라가서 유대인들의 조상 아브라함을 능가하는 예수님의 족보를 밝혀낸다. 누가는 또한 모든 사람들 - 로마 병사들(7:1~10), 과부들(7:11~17), 죄인들(7:36~50), 불치병자들(8:43~48), 나병환자들(17:11~19), 예수님과 함께 십자가에서 사형을 선고받은 행악자(23:40~43)를 포함한 다른 많은 사람을 측은히 여기시는 예수님의 마음을 보여준다. 모든 복음서와 같이, 누가는 예수님의 부활과 예수님이 엠마오로 가는 두 제자에게 나타나신 것에 대한 상세한 이야기를 포함해서, 열한 제자들과 같은 장소에 머무르신 것을 보여준다. 복음서 끝에, 예수님은 하늘로 승천하시고, 누가의 후편 사도행전을 준비하신다.

⚜ 요절

"너희 보물 있는 곳에는 너희 마음도 있으리라"(12:34).

"내가 너희에게 이르노니 이와 같이 죄인 한 사람이 회개하면 하늘에서는 회개할 것 없는 의인 아흔아홉으로 말미암아 기뻐하는 것보다 더하리라"(15:7).

"무릇 자기 목숨을 보전하고자 하는 자는 잃을 것이요 잃는 자는 살리리라"(17:33).

"내가 진실로 너희에게 이르노니 누구든지 하나님의 나라를 어린아이와 같이 받아들이지 않는 자는 결단코 거기 들어가지 못하리라"(18:17).

"인자가 온 것은 잃어버린 자를 찾아 구원하려 함이니라"(19:10).

⚜ 요점

누가복음은 유일하게 선한 사마리아 사람(10:25~37), 탕자(15:11~32), 그리고 부자와 나사로(16:19~31)에 대한 예수님의 이야기("비유")가 있다. 누가복음은 또한 2장에서 예수님의 실제적인 탄생과 그분이 어린 시절에 하셨던 말씀을 유일하게 상세하게 기록한다.

적용

당신이 누구이며, 어디에서 왔고, 또는 무슨 일을 하느냐는 문제가 되지 않는다. 예수님은 당신을 찾아서 구원하시려고 오셨다.

요한복음

기록자

밝혀지지는 않았지만 전통적으로 "예수님이 사랑하시는 제자"(21:7), 야고보의 형제와 세베대의 아들(마 4:21)인 요한으로 여겨진다.

기록연대

대략 AD 90년대, 마지막 복음이 기록된 때.

핵심개요

예수님 자신은 하나님이시며, 세상의 유일한 구원자이시다.

상세개요

마태, 마가, 누가복음의 유사점(그들은 공통적인 관점을 가지고 있다는 의미로 "공관복음"이라고 불려진다)은 예수님의 비유(전혀 기록되어 있지 않다)와 기적(단지 일곱 번만 나타난다)을 경시한다. 그보다, 요한은 예수님이 세상에 오신 이유("내가 온 것은 양으로 생명을 얻게 하고 더 풍성히 얻게 하려는 것이라", 10:10), 아버지 하나님과 그분의 친밀한 관계("나와 아버지는 하나이니라", 10:30), 그리고 그분이 행하시려고 오신 일에 대한 그분의 생각("아버지여 때가 이르렀사오니 아들을 영화롭게 하사 아들로 아버지를 영화롭게 하게 하옵소서 아버지께서 아들에게 주신 모든 사람에게 영생을 주게 하시려고 만민을 다스리는 권세를 아들에게 주셨음이로소이다", 17:1~2)에 대해서 더 길게 다룬다. 요한은 또한 부활을 의심한 제자 도마(20:24~29)와 주님을 부인한 베드로(21:15~23)를 주님이 인내로 대우하시는 것을 특별히 강조한다.

요절

"태초에 말씀이 계시니라 이 말씀이 하나님과 함께 계셨으니 이 말씀은 곧 하나님이시니라"(1:1).

"하나님이 세상을 이처럼 사랑하사 독생자를 주셨으니 이는 그를 믿는 자마다 멸망하지 않고 영생을 얻게 하려 하심이라"(3:16).

"나는 생명의 떡이니…"(6:35)

"나는 선한 목자라 선한 목자는 양들을 위하여 목숨을 버리느니라…"(10:11).

"내가 곧 길이요 진리요 생명이니 나로 말미암지 않고는 아버지께로 올 자가 없느니라"(14:6).

⚜ 요점

가나 혼인잔치에서 물을 포도주로 변화시킨 예수님의 첫 번째 기적은 유일하게 요한복음에만 기록되어 있다(2:1~12). 역시 예수님이 죽은 나사로를 살리신 사건(11:1~44), 날 때부터 맹인된 사람을 치료하신 사건(9:1~38), 그리고 멀리 있는 왕의 신하의 아들을 치유하신 사건(4:46~54)도 요한복음에만 기록되어 있다. 요한복음은 또한 유일하게 "내가 거듭나야 하겠다"는 예수님의 가르침을 들은 니고데모라는 사람을 언급한다.

⚜ 적용

"오직 이것을 기록함은 너희로 예수께서 하나님의 아들 그리스도이심을 믿게 하려 함이요 또 너희로 믿고 그 이름을 힘입어 생명을 얻게 하려 함이니라"(20:31).

사도행전

기록자

밝혀지지 않았지만 전통적으로 이방인으로서 의사(골 4:14)이며, 바울 사도의 선교 동역자(딤후 4:11)이고, 누가복음의 기록자인 누가로 여겨진다.

기록연대

대략 AD 30~60년대의 사건을 포함해서 사도행전은 대략 AD 62년과 80년 사이 어느 때에 기록되었을 것이다.

핵심개요

성령강림은 그리스도인들의 교회의 시작을 미리 알린다.

상세개요

공식적으로 "사도들의 활동"이라고 부르는 사도행전은 복음서에 있는 예수님의 이야기와 뒤따르는 서신서들에 있는 교회생활의 교량 역할을 한다. 누가는 예수님이 부활하신 후, 40일 동안 활동하시고 "하나님의 왕국에 관한 것들을 말씀하시고"(1:3, KJV) 하늘로 승천하신 것으로 시작한다. 10일 후에, 하나님은 오순절 축제일에 성령을 보내신다. 따라서 교회가 탄생한다. 성령을 통해서 제자들은 예수님에 관하여 담대하게 설교하도록 능력을 부여받았고, 그날에 3천 명이 그리스도인이 되었다. 유대 지도자들은 "이 길(도)"(9:2, KJV)이라고 부르는 새로운 변화를 두려워해서, 다른 지역으로 흩어져서 복음을 전하는 그리스도인들을 핍박하기 시작했다. 사울 역시 극한 박해자였으나 예수 그리스도를 만난 후, 유대교에서 개종되어 전도와 기적을 행하는 일을 하고, 미숙한 교회를 강하게 하는 일에 베드로와 다른 그리스도인 지도자들과 합류한다.

요절

"갈릴리 사람들아 어찌하여 서서 하늘을 쳐다보느냐 너희 가운데서 하늘로 올려지신 이 예수는 하늘로 가심을 본 그대로 오시리라"(1:11).

"너희가 회개하여 각각 예수 그리스도의 이름으로 세례를 받고 죄 사함을 받으라 그리하면 성령의 선물을 받으리라"(2:38).

"다른 이로써는 구원을 받을 수 없나니 천하 사람 중에 구원을 받을 만한 다른 이름을 우리에게 주신 일이 없음이라"(4:12).

"사울아 사울아 네가 어찌하여 나를 박해하느냐…"(9:4).

요점

사도행전은 예수님의 죽으심에 대해서 비난하는 유대 지도자들이 돌로 쳐서 죽게 한 첫 그리스도인 순교자인 스데반에 대해서 말한다. 사도행전은 또한 단지 유대인들을 위한 메시지에서 모든 사람들(9:15, 10:45)을 위한 메시지로 복음이 변화되는 것과 기독교 선교 활동의 시작(13장)을 생생하게 서술한다.

적용

그리스도인들은 오늘날 사도행전에서 말하고 있는 같은 능력을 경험하고 있다. "오직 성령이 너희에게 임하시면 너희가 권능을 받고 예루살렘과 온 유대와 사마리아와 땅 끝까지 이르러 내 증인이 되리라"(1:8).

로마서

기록자

사도 바울(1:1)이지만, 조력자 더디오 서기관(16:22)에 의해 대필되었다.

기록연대

대략 AD 57년, 바울이 3차 선교여행을 끝맺을 즈음.

핵심개요

어떤 사람은 로마서를 그리스도인의 삶에 대해서 완전하게 설명하는 "신학 교과서"라고 단정한다. 바울은 모든 사람이 하나님의 기준에 이르지 못하는(3:23) 인간의 죄(1~2장)에 대한 하나님의 의의 진노에 대해서 서술함으로 시작한다. 그러나 하나님 자신이 죄를 정복하는 유일한 방법, 즉 "예수 그리스도를 믿음으로 말미암아 모든 믿는 자에게 미치는 하나님의 의"를 규정하신다(3:22). 예수님을 믿음으로 칭의(의롭다함을 받음)받기 때문에, 우리는 우리 자신을 "죄에 대하여는 죽은 자요 그리스도 예수 안에서 하나님께 대하여는 살아있는 자"로 여길 수 있다(6:11). 하나님의 영은 예수님을 믿는 모든 사람들에게 "생명을 부여하시고"(살리신다, 8:11), "우리의(현재의) 몸을 하나님이 받으실만한 거룩한 산 제물로 드리도록 하신다"(12:1, KJV). 하나님의 도우심으로 "악이 아니라, 선으로 악을 이길 수 있다"(12:21, KJV).

요절

"모든 사람이 죄를 범하였으매 하나님의 영광에 이르지 못하더니"(3:23).

"우리가 아직 죄인 되었을 때에 그리스도께서 우리를 위하여 죽으심으로 하나님께서 우리에 대한 자기의 사랑을 확증하셨느니라"(5:8).

"죄의 삯은 사망이요 하나님의 선물은 그리스도 예수 우리 주 안에 있는 영생이니라"(6:23).

"오호라 나는 곤고한 사람이로다 이 사망의 몸에서 누가 나를 건져내랴 우리 주 예수 그리스도로 말미암아 하나님께 감사하리로다"(7:24~25).

"우리가 알거니와 하나님을 사랑하는 자 곧 그의 뜻대로 부르심을 입은 자들에게는 모든 것이 합력하여 선을 이루느니라"(8:28).

"피차 사랑의 빚 외에는 아무에게든지 아무 빚도 지지 말라 남을 사랑하는 자는 율법을 다 이루었느니라"(13:8).

"사랑은 이웃에게 악을 행하지 아니하나니 그러므로 사랑은 율법의 완성이니라"(13:10).

⚜ 요점

교회들에 보낸 바울의 그 밖의 편지와 다른 로마서는 그가 결코 만난 적이 없는 회중에게 보내졌다. 위대한 선교사는 서쪽 서바나(스페인)로 여행을 하는 동안 개인적으로 로마의 그리스도인들을 보기를 바라고 있었다(15:23~24). 바울이 실제로 서바나에 도착했는지 또는 사도행전이 끝난 후 로마에 의해서 사형에 처해졌는지는 분명하지 않다.

적용

바울 자신의 말로 이렇게 말한다. "그러므로 우리가 믿음으로 의롭다 하심을 받았으니 우리 주 예수 그리스도로 말미암아 하나님과 화평을 누리자"(5:1).

고린도 전서

기록자

사도 바울(1:1), 조력자 소스데네(1:1).

기록연대

대략 AD 55~57년.

핵심개요

사도는 고린도교회의 죄 문제에 대해서 논쟁한다.

상세개요

바울은 고린도에 교회를 세우는 것을 도왔지만(행 18장), 그러고 나서 다른 선교 현장으로 옮겨갔다. 에베소에 있는 동안, 그는 고린도교회 회중 가운데 심각한 문제가 있는 것을 알고 이런 문제들에 대처하기 위해서 긴 편지를 쓴다. 누가 우리의 지도자인가에 대한 논쟁에 대해서는, 바울은 "모두가 같은 말을 하고 너희 가운데 분쟁이 없이 같은 마음과 같은 뜻으로 온전히 합하라"(1:10)고 권고한다. 바울은 의붓어머니와 부도덕한 관계를 맺고 있는 사람에게는, "이 악한 사람은 너희 중에서 내 쫓으라"(5:13)고 명령한다. 바울은 다른 사람을 세상 법정에 소송하는 교회의 성도들에게는 "불의한 자가 하나님의 나라를 유업으로 받지 못할 줄을 알지 못하느냐"(6:9)라고 경고한다. 바울은 또한 결혼, 그리스도인의 자유, 주님의 만찬, 영적인 은사, 그리고 죽은 자들의 부활에 대해서 가르친다. 유명한 고린도전서 13장에서 바울은 "가장 좋은 길"(12:31), 자선 또는 사랑에 대해서 서술한다.

요절

"십자가의 도가 멸망하는 자들에게는 미련한 것이요 구원을 받는 우리에게는 하나님의 능력이라"(1:18).

"하나님의 어리석음이 사람보다 지혜롭고 하나님의 약하심이 사람보다 강하니라"(1:25).

"이 닦아 둔 것 외에 능히 다른 터를 닦아 둘 자가 없으니 이 터는 곧 예수 그리스도라"(3:11).

"그런즉 너희의 자유가 믿음이 약한 자들에게 걸려 넘어지게 하는 것이 되지 않도록 조심하라"(8:9).

"내가 여러 사람에게 여러 모습이 된 것은 아무쪼록 몇 사람이라도 구원하고자 함이라"(9:22).

"너희가 이 떡을 먹으며 이 잔을 마실 때마다 주의 죽으심을 그가 오실 때까지 전하는 것이니라"(11:26).

"내가 사람의 방언과 천사의 말을 할지라도 사랑이 없으면 소리 나는 구리와 울리는 꽹과리가 되리라"(13:1).

요점

그의 사도직에 대해서 의심하는 반대자들에게 반박하면서, 바울은 그가 예수님의 본래의 사도 못지않다고 주장한다. "내가… 사도가 아니냐 예수 우리 주를 보지 못하였느냐"(9:1).

적용

교회의 문제는 새로운 일이 아니며 바로잡는 방법도 새로운 일이 아니다. 개인의 순결, 자기절제, 다른 사람에 대한 사랑은 모임을 성공적으로 이끄는데 있어서 없어서는 안 된다.

고린도후서

기록자

사도 바울, 조력자 디모데(1:1).

기록연대

대략 AD 55~57년. 고린도전서 기록 후 곧.

핵심개요

바울은 그의 성직에 대해서 혼란한 고린도교회에 변호한다.

상세개요

여전히 그의 권위에 대해서 의심하여 상습적으로 말썽을 일으키는 사람들이 있음에도 불구하고, 고린도교회의 그리스도인들은 분명히 바울이 첫 번째 편지에서 언급했던 몇 가지 문제들에 대해서 항의를 제기한다. 바울은 어쩔 수 없이 "어리석게 말하지 않을 수 없어서"(11:21), 그가 예수님을 섬기면서 직면했던 고난을 자랑한다. "내가 수고를 넘치도록 하고 옥에 갇히기도 더 많이 하고 매도 수없이 맞고 여러 번 죽을 뻔하였으니라"(11:23). 바울은 심지어 "육체에 가시"(12:7)의 고난을 받았다. 그 가시를 하나님은 제거하기를 거절하시고 이렇게 말씀하셨다. "내 은혜가 네게 족하도다 이는 내 능력이 약한 데서 온전하여짐이라"(12:9). 바울은 마지막으로 고린도 교인들에게 이렇게 경고한다. "너희는 믿음 안에 있는가 너희 자신을 시험하고 너희 자신을 확증하라 예수 그리스도께서 너희 안에 계신 줄을 너희가 스스로 알지 못하느냐 그렇지 않으면 너희는 버림받은 자니라"(13:5).

⚜ 요절

"하나님이 죄를 알지도 못하신 이를 우리를 대신하여 죄로 삼으신 것은 우리로 하여금 그 안에서 하나님의 의가 되게 하려 하심이라"(5:21).

⚜ 요점

어떤 사람은 바울의 "육체에 가시"가 시력이 나쁜 것, 시험, 또는 심지어 외모가 매력이 없는 것이라고 추측하지만, 바울은 결코 그것을 밝히지 않는다.

적용

그리스도인들은 교회에서든지 가정 또는 넓은 견지에서 사회에서든지 권위에 순종해야 한다.

갈라디아서

⚜ 기록자

사도 바울(1:1).

⚜ 기록연대

사도 바울의 가장 초기의 편지 가운데 하나로, 대략 AD 49년.

⚜ 핵심개요

그리스도인들은 유대 율법의 구속에서 자유하다.

⚜ 상세개요

여러 지역 교회에 편지할 때 바울은 갈라디아에 있는 그리스도인들이 예수님 안에서 얻은 그들의 자유를 구약의 유대주의 율법으로 되돌아가려는 것을 단지 “이상하게 여겼다”(1:6). 어떤 사람들은 사도 베드로가 잘못했음에도 불구하고(2:11~13), 그리스도인들을 “억지로…유대인답게 살게 하려고 했다”(2:14). 바울은 “하나님 앞에서 아무도 율법으로 말미암아 의롭게 되지 못할 것이 분명하니 이는 의인은 믿음으로 살리라”(3:11)고 강력하게 권고한다.

요절

“어리석도다 갈라디아 사람들아 예수 그리스도께서 십자가에 못 박히신 것이 너희 눈앞에 밝히 보이거늘 누가 너희를 꾀더냐”(3:1).

“오직 성령의 열매는 사랑과 희락과 화평과 오래 참음과 자비와 양선과 충성과 온유와 절제니 이 같은 것을 금지할 법이 없느니라”(5:22~23).

요점

바울의 마지막 명령 가운데 하나는 이렇다. “내 손으로 너희에게 이렇게 큰 글자로 쓴 것을 보라”(6:11). 이 구절은 좋지 않은 시력이 바울의 “육체에 가시”였다는 것을 확신하게 한다(고후 12:7).

적용

구약의 율법은 그리스도인의 삶을 통제하지 않지만, 하나님의 성령은 "성령을 따라 행하라 그리하면 육체의 욕심을 이루지 아니하리라"(5:16)고 말씀하신다.

기록자

사도 바울(1:1).

기록연대

대략 AD 62년 바울의 생애의 마지막 무렵.

핵심개요

그리스도인들은 모두 그리스도의 "몸", 교회의 지체이다.

상세개요

바울은 에베소에서 교회를 시작(행 19장)하고 이제 그들이 "오직 사랑 안에서 참된 것을 하여 범사에 머리 곧 그리스도에게까지

자라도록"(4:15) 하기 위해서 예수 그리스도와 교회의 지체들과의 관계를 상세하게 설명한다. 하나님은 예수님을 통해서 유대인들과 이방인들을 그분 자신 안에서 화해시키셨다(2:11~18). 이 새로운 삶은 교회와 가정에서 순수하고 정직한 생활로 귀착된다(4~6장).

⚜ 요절

"너희는 그 은혜에 의하여 믿음으로 말미암아 구원을 받았으니 이것은 너희에게서 난 것이 아니요 하나님의 선물이라 행위에서 난 것이 아니니 이는 누구든지 자랑하지 못하게 함이라"(2:8~9).

"마귀의 간계를 능히 대적하기 위하여 하나님의 전신 갑주를 입으라"(6:11).

⚜ 요점

바울은 종(오늘날의 말로 헌신적으로 일하는 사람)들은 "육체의 상전에게 순종하라"(6:5)고 말한다. 왜냐하면 하나님이 그런 행위에 보답하시기 때문이다(6:8).

적용

"너희도 성령 안에서 하나님이 거하실 처소가 되기 위하여 그리스도 예수 안에서 함께 지어져 가느니라" (2:22).

빌립보서

⚜ 기록자

사도 바울, 디모데와 함께(1:1).

⚜ 기록연대

대략 AD 60년대 초.

⚜ 핵심개요

사도 바울과 사랑하는 교회 간의 "우정의 편지."

⚜ 상세개요

열여섯 번의 "기쁨"과 "기뻐하라"는 구절이 있는 빌립보서는 옥중에 메여 있는 상태(1:13)에서 편지를 쓰고 있음에도 불구하고 사도 바울의 가장 낙천적인 편지이다. 바울은 복음을 위한 일에 참여한 것(1:5)에 대해서 빌립보교회에 감사하고 성도들에게 "주 안에서 항상 기뻐하라 내가 다시 말하노니 기뻐하라"(4:4)고 격려한다.

요절

"이는 내게 사는 것이 그리스도니 죽는 것도 유익함이라"(1:21).

"푯대를 향하여 그리스도 예수 안에서 하나님이 위에서 부르신 부름의 상을 위하여 달려가노라"(3:14).

"아무것도 염려하지 말고 다만 모든 일에 기도와 간구로, 너희 구할 것을 감사함으로 하나님께 아뢰라"(4:6).

요점

화합이 바울의 편지의 일반적인 주제이긴 하지만, 그는 빌립보의 두 여인 유오디아, 순두게를 선택해서 "주 안에서 같은 마음을 품으라"(4:2)고 간청한다.

적용

우리가 주안에서 기쁨으로 살 때, "모든 지각에 뛰어난 하나님의 평강이 그리스도 예수 안에서 우리의 마음과 생각을 지키실 것이다"(4:7).

골로새서

기록자

사도 바울, 디모데와 함께(1:1).

기록연대

대략 AD 60년대 초.

핵심개요

예수 그리스도는 모든 사람과 모든 것을 다스리시는 우주의 절대 주권자이시다.

상세개요

거짓 가르침("유혹하는 말", 2:4, KJV)이 골로새교회에 침투해서 다소의 사람들에게 그리스도인의 믿음에 무익하고 도움이 되지 않는 요소를 더하도록 했다. 그런 상황에 있는 골로새 교인들에게 바울은 유대 율법과 규례(2:16), 천사들(2:18)과 그 밖의 모든 것들을 능가하시는 예수님의 우월성을 일깨우기 위해서 이 편지를 보낸다. "그는 보이지 아니하는 하나님의 형상이시요 모든 피조물보다 먼저 나신이시다"(1:15).

⚜ 요절

"이로써 우리도 듣던 날부터 너희를 위하여 기도하기를 그치지 아니하고"(1:9).

"위의 것을 생각하고 땅의 것을 생각하지 말라"(3:2).

"그리스도의 평강이 너희 마음을 주장하게 하라 너희는 평강을 위하여 한 몸으로 부르심을 받았나니 너희는 또한 감사하는 자가 되라"(3:15).

⚜ 요점

바울은 분명히 신약성경에 포함되지 못한 라오디게아교회에 보내는 편지에 대해서 말한다(4:16).

적용

"누가 철학과 헛된 속임수로 너희를 사로잡을까 주의하라 이것은 사람의 전통과 세상의 초등학문을 따름이요 그리스도를 따름이 아니니라"(2:8).

기록자

사도 바울, 실루아노(실라)와 디모데와 함께(1:1).

기록연대

대략 AD 50년대 초. 아마도 초기 편지.

핵심개요

예수님은 그분을 따르는 자들을 모으기 위해서 다시 오실 것이다.

상세개요

그가 설립하는데 도움을 주었던(행 17장 참조) 이전의 교회에 보낸 이 편지에서, 바울은 분명히 데살로니가 교인들의 몇 가지 관심 가운데 하나였고 문제였던 그리스도의 재림에 대해서 가르친다. 바울은 예수님이 “어떻게” 재림하실 것인가에 대해서는 설명하지만, “언제” 재림하실 것인가에 대해서는 말하지 않는다. 그의 편지에서 주목해야 할 부분은 “이는 너희를 부르사 자기 나라와 영광에 이르게 하시는 하나님께 합당히 행하게 하려 함이라”(2:12)이다.

요절

“주께서 호령과 천사장의 소리와 하나님의 나팔 소리로 친히 하늘로부터 강림하시리니 그리스도 안에서 죽은 자들이 먼저 일어나고”(4:16).

“주의 날은 밤에 도둑 같이 이를 줄을…”(5:2).

요점

데살로니가전서는 두 개의 성경의 짧은 구절을 포함한다. “항상 기뻐하라”(5:16)와 “쉬지 말고 기도하라”(5:17).

적용

데살로니가 교인들은 예수님의 재림에 비추어서 올바르게 살

도록 가르침을 받았다. 2000년 전의 말씀이면서도, 오늘날 이 말씀은 당신에게 더 중요하다고 생각되지 않는가?

데살로니가 후서

기록자

사도 바울, 실루아노(실라)와 디모데와 함께(1:1).

기록연대

대략 AD 50년대 초. 아마도 바울의 두 번째로 오래된 편지.

핵심개요

그리스도인들은 예수님이 재림하시는 때까지 일해야 한다.

상세개요

데살로니가전서를 기록한 후, 곧 바울은 후속 권유를 구술해서 받아쓰게 한다. 분명히 바울에게서 받았다고 주장하는 거짓 편지가 데살로니가 교인들을 예수님이 이미 재림하셨다는 생각을 갖게 해서 "마음을 흔들고…두려워하게"(2:2) 만들었다. 바울은 그들에게 그 사건(재림)은 아직 미래라는 것을 확신시키고 모든 사람들이 주님이 재림하실 때까지 긍정적이고 생산적인 삶을 살도록 권고한다. 누구든지 일하기 싫어하거든… 예수님의 재림을 예상하고 현실에서 도피하는 사람은 누구든지 "먹지도 말게 하라"(3:10)고 명령한다.

⚜ 요절

"환난을 받는 너희에게는 우리와 함께 안식으로 갚으시는 것이 하나님의 공의시니 주 예수께서 자기의 능력의 천사들과 함께 하늘로부터 불꽃 가운데에 나타나실 때에"(1:7).

"형제들아 너희는 선을 행하다가 낙심하지 말라"(3:13).

⚜ 요점

바울이 이 편지를 구술하게 했다는 사실은 "나 바울은 친필로 문안하노니…이렇게 쓰노라"(3:17)는 그의 설명에서 분명하다(바울은 통상 대필자를 기용하여 편지 내용을 받아 적게 한 후, 마지막 부분에 친필로 사인을 했음을 알 수 있다. – 역주).

적용

그리스도인은 모든 삶에 있어서 균형이 열쇠다. 우리는 항상 예수님의 재림을 고대하지만, 그러나 우리는 이 세상에 있는 동안 선한 일을 열심히 해야 한다.

디모데전서

⚜ 기록자

사도 바울(1:1).

⚜ 기록연대

대략 AD 63년.

⚜ 핵심개요

목회자들에게 그들의 삶과 교회를 관리할 방법을 가르친다.

⚜ 상세개요

첫 번째 "목회서신"인 디모데전서는 교회 지도자들, 특히 신세대 지도자를 위한 연로한 사도 바울의 통찰력을 포함하고 있다. 디모데는 자주 바울과 함께 일했지만, 그때 에베소에서 목회를 하고 있었다(1:3). 바울은 그에게 율법주의와 거짓교사에 대해서 경고하고(1장), 목사와 집사의 자격을 열거하고(3장), 그리고 마지막 3장(4~6)에서 "예수 그리스도의 좋은 일꾼"의 태도에 대해서 서술한다(4:6).

요절

"그리스도 예수께서 죄인을 구원하시려고 세상에 임하셨다 하였도다 죄인 중에 내가 괴수니라"(1:15).

"곧 사람이 감독의 직분을 얻으려 함은 선한 일을 사모하는 것이라"(3:1).

요점

디모데전서는 목회자들에게 충분한 사례비를 지급하도록 명령하고 있는 것 같다. "잘 다스리는 장로들은 배나 존경할 자로 알되 말씀과 가르침에 수고하는 이들에게는 더욱 그리할 것이니라…성경에 일렀으되…일꾼이 그 삯을 받는 것은 마땅하다 하였느니라"(5:17~18).

적용

디모데전서가 목회서신이지만, 바울의 가르침은 "하나님의 집에서 어떻게 행하여야 할지를 알게 하려는 것"(3:15)이다. 이 말씀은 이 땅에 있는 그리스도인에게도 해당된다.

디모데후서

기록자

사도 바울(1:1).

기록연대

대략 AD 60년대 중간.

핵심개요

사랑하는 동역자에게 보내는 사도 바울의 마지막 말씀이다.

상세개요

디모데후서는 바울의 마지막으로 알려진 편지일 수도 있다. "사랑하는 아들 디모데에게" 보낼 때, 이 책은 연소한 목사에게 거짓교사에 대해서 경고하고, 회중 앞에서 성결한 삶을 살도록 권고한다. 디모데는 “무릇 그리스도 예수 안에서 경건하게 살고자 하는 자는 박해를 받으리라”(3:12)는 말씀처럼 박해에 대한 예상을 해야 하지만, 그러나 하나님은 약속을 지키실 것이다(“주께서 나를 모든 악한 일에서 건져내시고 또 그의 천국에 들어가도록 구원하시리니”, 4:18). 바울은 디모데에게 “떠날 시각이 가까웠기 때문에”(4:6) 가능한 한 빨리 그와 합류하기를 부탁한다.

요절

“너는 그리스도 예수의 좋은 병사로 나와 함께 고난을 받으라”(2:3).

요점

바울은 디모데후서에서 성경이 어디에서 나왔는가에 대해서 알려준다. “모든 성경은 하나님의 영감으로 주신 것으로 교리와 책망과 징계와 의로 교육하기에 유익하니”(3:16, KJV). “영감”이란 말은 “숨을 불어내는 것”을 의미한다.

적용

우리 모두는 바울이 고백한 것과 같은 삶을 살아야 한다. “나

는 선한 싸움을 싸우고 나의 달려갈 길을 마치고 믿음을 지켰다"
(4:7).

디도서

기록자

사도 바울(1:1).

기록연대

대략 AD 63년.

핵심개요

교회 지도자들에게 그들의 삶과 가르침에 대해서 가르친다.

상세개요

지중해의 섬 그레데에 바울은 디도를 "남은 일을 정리하고" 미숙한 교회를 위해서…장로들을 세우게 하려고"(1:5) 남겨둔다.

그들의 불순한 행동("유례가 없고 별난")이 알려졌기 때문에, 그레데 사람들은 "거슬러 말하는 자들을 확실한 교리(KJV)로 권면하고 확신시키기 위해서 가르침을 받은 그대로 신실한 말씀을 굳게 붙드는" (1:9, KJV) 교회의 지도자가 필요했기 때문이다.

요절

"우리를 구원하시되 우리가 행한 바 의로운 행위로 말미암지 아니하고 오직 그의 긍휼하심을 따라 중생의 씻음과 성령의 새롭게 하심으로 하셨나니"(3:5).

요점

바울은 이 편지에서 그레데의 철학자의 말을 인용한다. "그레데인 중의 어떤 선지자가 말하되 그레데인들은 항상 거짓말쟁이며 악한 짐승이며 배만 위하는 게으름뱅이라"(1:12). 이것은 약 BC 6세기 에피메니데스(Epimenides)에게서 인용되었다.

적용

교회 지도자들은 높은 규범을 지켜야 하지만, 회중도 마찬가지다. 목회자들에게 유효한 것은 그 밖의 어느 누구에게나 유효하다.

빌레몬서

기록자

사도 바울(1:1).

기록연대

대략 AD 63년, 바울이 로마 감옥에 투옥될 때.

핵심개요

바울은 기독교로 개종한 도망 나온 종에 대한 자비를 간청한다.

상세개요

빌레몬은 그의 사랑과 관대함으로 다른 성도들에게 “평안함”

(1:7)을 주는 바울의 "동역자"(1:1)이다. 바울은 옥중에서 자신의 가르침으로 확실히 그리스도를 영접한 도망 나온 종(오네시모)을 용서하고 그를 다시 받아주도록 하기 위해서 빌레몬에게 마음속에서 우러나는 간청으로 편지를 쓴다. "갇힌 중에서 낳은 아들 오네시모를 위하여 네게 간구하노라"(1:10). 바울은 "그가 만일 네게 불의를 하였거나 네게 빚진 것이 있으면 그것을 내 앞으로 계산하라"(1:18)고 말하고 "그를 영접하기를 내게 하듯 하라"(1:17)고 말한다.

⚜ 요절

"내가 항상 내 하나님께 감사하고 기도할 때에 너를 말함은 주 예수와 및 모든 성도에 대한 네 사랑과 믿음이 있음을 들음이라"(1:4~5).

"나는 네가 순종할 것을 확신하므로 네게 썼노니 네가 내가 말한 것보다 더 행할 줄을 아노라"(1:21).

⚜ 요점

오직 1장 25절로 되어 있는 빌레몬서는 바울 서신 가운데 가장 짧다.

적용

그리스도인들은 용서하도록 부름을 받았다. 이 책에는 그리스도인이 관심을 기울려야 할 실례가 있다. 하나님의 도우심으로 당신은 원한을 품은 사람을 눈감아 줄 수 있는가?

히브리서

기록자

밝혀지지는 않았지만 바울, 누가, 바나바, 그리고 아볼로 모두가 암시된다.

기록연대

히브리서가 성전의 희생제물을 언급하고 있기 때문에 아마도 AD 70년 어느 때 기록되었을 것이다. 예루살렘 성전은 AD 70년에 파괴되었다.

핵심개요

예수님은 어떤 구약의 사람이나 또는 희생제물보다 더 우월하시다.

⚜ 상세개요

이 편지는 유대 그리스도인들에게 썼기 때문에 "히브리서"라고 부른다. 이 긴 편지는 구약의 유대주의보다 우월하신 예수님의 우월성을 강조한다. 예수님은 천사들, 모세, 이전의 희생 동물보다 "훨씬 뛰어나시다"(1:4). 그래서 히브리서 기자는 "염소와 황소의 피와 및 암송아지의 재를 부정한 자에게 뿌려 그 육체를 정결하게 하여 거룩하게 하거든 하물며 영원하신 성령으로 말미암아 흠 없는 자기를 하나님께 드린 그리스도의 피가 어찌 너희 양심을 죽은 행실에서 깨끗하게 하고 살아 계신 하나님을 섬기게 하지 못하겠느냐"(9:13~14)라고 묻는다. 예수님께 대한 그들의 헌신이 분명히 흔들리고 있었던 다소의 유대 그리스도인들은 그리스도께서 "자기의 피로 영원한 속죄를 이루사 단번에 성소에 들어가신"(9:12) "더 좋은 약속으로 세우신 더 좋은 언약의 중보자시라"(8:6)는 깨우침을 받을 필요가 있어야 했다.

⚜ 요절

"우리가 이같이 큰 구원을 등한히 여기면 어찌 그 보응을 피하리요"(2:3).

"그런즉 안식할 때가 하나님의 백성에게 남아 있도다"(4:9).

"한번 죽는 것은 사람에게 정해진 것이요 그 후에는 심판이 있으리라"(9:27).

"모이기를 폐하는 어떤 사람들의 습관과 같이 하지 말고 오직 권하여 그 날이 가까움을 볼수록 더욱 그리하자"(10:25).

"믿음은 바라는 것들의 실상이요 보이지 않는 것들의 증거니라"(11:1).

"이러므로 우리에게 구름 같이 둘러싼 허다한 증인들이 있으니 모든 무거운 것과 얽매이기 쉬운 죄를 벗어버리고 인내로써 우리 앞에 당한 경주를 하며 믿음의 주요 또 온전하게 하시는 이인 예수를 바라보자"(12:1~2).

"형제 사랑하기를 계속하고 손님 대접하기를 잊지 말라 이로써 부지중에 천사들을 대접한 이들이 있었느니라"(13:1~2).

요점

히브리서는 기록자의 인사나 단서가 없는 유일한 두 개의 신약의 서신(다른 하나는 요한일서) 가운데 하나이다.

적용

“그러므로 형제들아 우리가 예수의 피를 힘입어 성소에 들어 갈 담력을 얻었나니…우리가 마음에 뿌림을 받아 악한 양심으로부터 벗어나고 몸은 맑은 물로 씻음을 받았으니 참 마음과 온전한 믿음으로 하나님께 나아가자”(10:19, 22).

기록자

야고보(1:1). 그는 아마도 예수님의 형제(마 13:55, 막 6:3 참조)이다.

기록연대

대략 AD 60년.

핵심개요

참 그리스도인의 믿음은 그 사람의 행함으로 증명된다.

상세개요

사도 바울은 구원은 믿음으로만 받는다는 것을 명확하게 가르쳤지만(롬 3:28 참조), 야고보는 참 믿음은 선한 행위가 따른 다는 것을 명백히 말한다. "내 형제들아 만일 사람이 믿음이 있노라 하고 행함이 없으면 무슨 유익이 있으리요 그 믿음이 능히 자기를 구원하겠느냐?"(2:14). 야고보는 그리스도인들에게 일상생활 속에서 시련을 영적인 성장의 기회로 삼고, 혀를 통제하고, 화평하고, 편애를 피하고, 궁핍한 사람들을 돕고, 세상과 벗하지 말라고 격려한다. 그러면서 결론으로 이렇게 말한다. "그러므로 사람이 선을 행할 줄 알고도 행하지 아니하면 죄니라"(4:7).

⚜ 요절

"하나님을 가까이하라 그리하면 너희를 가까이하시리라"(4:8).

"의인의 간구는 역사하는 힘이 큼이니라"(5:16).

⚜ 요점

야고보는 하나님을 믿는 것으로만 충분하다고 생각하는 사람들에게 "마귀들도 믿고 떠느니라"(KJV)고 말한다. 예수님을 믿음으로 삶이 변화되는 것이 중요하다.

⚜ 적용

그리스도인의 삶을 살기 위해서 유용한 지혜를 원하는가? 당

신은 야고보서를 통해서 모든 지혜를 얻을 것이다.

베드로전서

기록자

사도 베드로(1:1), 실루아노(실라, 5:12)의 도움으로.

기록연대

대략 AD 65년.

핵심개요

예수님을 위해서 고난 받는 것은 고귀하고 고결하다.

상세개요

초대교회가 성장함에 따라, 로마제국은 그리스도인들을 박해하기 시작했다. 베드로는 하나님이 그럼에도 불구하고 통치하신다는 것을 그들에게 확신시킨다. "사랑하는 자들아 너희를 연단하려고 오는 불 시험을 이상한 일 당하는 것 같이 이상히 여기지 말라"(4:12). 그런 고난에 대한 적절한 반응은 무엇인가? "오히려 너희가 그리스도의 고난에 참여하는 것으로 즐거워하라 이는 그의 영광을 나타내실 때에 너희로 즐거워하고 기뻐하게 하려 함이라"(4:13).

요절

"근신하라 깨어라 너희 대적 마귀가 우는 사자 같이 두루 다니며 삼킬 자를 찾나니"(5:8).

요점

베드로는 노아의 방주에서 큰 홍수를 견디어낸 사람은 정확히 몇 명인지를 명백히 밝힌다; 8명(3:2). 창세기에는 "노아…그의 아들들…그의 며느리들"(창 7:7)이 방주 안에 있었지만, 어떤 아들이 다수의 아내를 취했는지 밝히지 않은 채로 남아있다.

적용

삶은 고되지만, 하나님은 항상 자비로운 분이시다. 그리스도인들에게는 현재보다도 앞날이 훨씬 더 낫다.

기록자

사도 베드로(1:1).

기록연대

대략 60년대 후반, 베드로가 사형집행을 당하기 직전.

핵심개요

교회 안에 있는 거짓교사들을 주의하라.

상세개요

그리스도인의 믿음, 덕, 지식, 절제, 인내, 경건, 그리고 사랑(1:5~8)의 특성이 성경을 신뢰하는 것과 서로 관련지어질 때(1:19~21)

믿는 사람들에게 "멸망하게 할 이단을 가만히 끌어들여 자기들을 사신 주를 부인하는"(2:1) 사람들의 거짓 가르침을 피하는데 도움을 줄 것이다.

⚜ 요절

"우리 주 예수 그리스도의 능력과 강림하심을 너희에게 알게 한 것이 교묘히 만든 이야기를 따른 것이 아니요 우리는 그의 크신 위엄을 친히 본 자라"(1:16).

"먼저 알 것은 성경의 모든 예언은 사사로이 풀 것이 아니니 예언은 언제든지 사람의 뜻으로 낸 것이 아니요 오직 성령의 감동하심을 받은 사람들이 하나님께 받아 말한 것임이라"(1:20~21).

"주의 약속은 어떤 이들이 더디다고 생각하는 것 같이 더딘 것이 아니라 오직 주께서는 너희를 대하여 오래 참으사 아무도 멸망하지 아니하고 다 회개하기에 이르기를 원하시느니라"(3:9).

⚜ 요점

베드로는 그의 죽음이 가까이 왔다는 것을 알고 이 서신을 썼다. "이는 우리 주 예수 그리스도께서 내게 지시하신 것 같이 나도 나의 장막을 벗어날 것이 임박한 줄을 앎이라"(1:14).

적용

"사악한 자들의 오류에 이끌려 너희 또한 너희 자신의 굳건함에서 떨어질까 주의하라"(3:17, KJV).

기록자

밝혀지지는 않았지만 교회의 전통에 따르면 사도 요한.

기록연대

대략 AD 92년.

핵심개요

예수님은 참 하나님이시며 참 사람이시다.

상세개요

요한일서는 예수님이 이 세상에서 몸이 아니라 영으로만 계셨다고 주장하는 이단에 대해서 논쟁을 한다. "예수를 시인하지 아니하는 영마다 하나님께 속한 것이 아니니 이것이 곧 적그리스도의 영이니라 오리라 한 말을 너희가 들었거니와 지금 벌써 세상에 있느니라"(4:3). 요한은 개인적으로 예수님을 알았다는 것과 "태초부터 있는 생명의 말씀에 관하여는 우리가 들은 바요 눈으로 본 바요 자세히 보고 우리의 손으로 만진"(1:1) 사람으로, 그 지식이 예수님을 믿는 믿음에 이르게 했다고 기록한다. 구원하는 믿음은 순종으로 인도하지만, 우리가 죄를 범할지라도 우리가 죄를 자백할 때 하나님은 "미쁘시고 의로우사 우리 죄를 사하실 것이다"(1:9).

요절

"사랑하는 자들아 우리가 서로 사랑하자 사랑은 하나님께 속한 것이니 사랑하는 자마다 하나님으로부터 나서 하나님을 알고 사랑하지 아니하는 자는 하나님을 알지 못하나니 이는 하나님은 사랑이심이라"(4:7~8).

요점

요한일서는 성경의 일상적인 편지의 특징, 즉 인사, 기록자에 대한 증명, 기록자에 대한 취향이 없다. 그러나 이 서신은 그럼에도 불구하고 아주 따뜻하고 동정적이다.

적용

"내가 하나님의 아들의 이름을 믿는 너희에게 이것을 쓰는 것은 너희로 하여금 너희에게 영생이 있음을 알게 하려 함이라" (5:13)

요한이서

기록자

교회의 전통에 따르면 사도 요한. 기록자는 "장로"라는 신원만 밝힌다.

기록연대

대략 AD 92년.

핵심개요

이 세상에서 예수님이 육체로 사셨다는 것을 부인하는 거짓교사들을 주의하라.

상세개요

아마도 실제적인 가족 또는 상징적인 가족인 "부녀와 그의 자녀들에게"(1:1) 편지할 때, 요한이서는 예수님이 이 세상에서 육체적으로 계시지 않았다는 이단 사상에 대해서 논쟁한다. 이 서신은 예수님이 단지 영이시며 십자가에서 고난을 받으시고 죽으시기 위해서 나타나셨다는 "영지주의"에 대한 반박이었을 것이다. "미혹하는 자요 적그리스도"(1:7)인 이런 가르침은 어떤 희생을 치르더라도 피해야만 한다. 우리는 우리의 문에 빗장을 지를 정도까지(1:10) 이 사상을 믿는 사람들을 막아야 한다.

요절

"부녀여, 내가 이제 네게 구하노니 서로 사랑하자 이는 새 계명 같이 네게 쓰는 것이 아니요 처음부터 우리가 가진 것이라"(1:5).

"또 사랑은 이것이니 우리가 그 계명을 따라 행하는 것이요…"(1:6).

요점

한 장으로 되어 있는 신약성경에서 가장 짧게 13절로 되어 있다.

적용

요한의 시대와 같이 거짓 선지자와 거짓 선생들이 오늘날에도 흉악한 사상을 퍼트린다. 모든 가름침은 성경으로 비교 검토되어야 한다. 요한이서는 이렇게 말씀한다. "그리스도의 교리 안에 거하는 사람은 아버지와 아들이 있는 자니라"(1:9, KJV).

요한삼서

기록자

교회 전통에 따르면 사도 요한. 기록자는 유일하게 본인이 "장로"(1:1)라고 밝힌다.

기록연대

대략 AD 92년대.

핵심개요

교회 지도자들은 교만이 아니라 겸손해야 한다.

상세개요

사도 요한은 요한삼서에서 가이오에게 편지에 "교회 앞에서…사랑을 증언한 (가이오와 데메드리오라고 부르는 다른 그리스도인과 같은) 사람들"(1:6) 이라고 칭찬한다. 또한 요한은 "으뜸 되기를 좋아하고" 전도 여행을 하는 전도자들을 친절과 후한 접대를 베풀기를 거절하는 디오드레베와 같은 그리스도인에게 거친 말씀을 전하기도 한다(1:9~10).

요절

"내가 내 자녀들이 진리 안에서 행한다 함을 듣는 것보다 더 기쁜 일이 없도다"(1:4).

"선을 행하는 자는 하나님께 속하고 악을 행하는 자는 하나님을 뵈옵지 못하였느니라"(1:11).

요점

한 장으로 되어 있는 4개의 신약성경 중 요한삼서는 두 번째로 짧다(14절로 되어 있음).

적용

세상에서 접대는 마르다(신약성경 누가복음 10장 38절 이하에 나오는 여인으로 동생인 마리아와는 대조적으로, 손님인 예수님을 접대하는 일로 분주히 움직이며 정성을 쏟는 여인으로 나타난다. 그로

부터 오랫동안 기독교의 전통에서 가정에서 여인들에게 요구되는 겸허함과 유용성, 또는 기독교적 실천의 상징이 되었다 - 역주)만의 책임이 아니다. 그리스도인들은 다른 믿는 사람들에게, 특히 하나님을 위해서 전임사역을 하는 사람들에게 먹을 것과 집을 주고, 용기를 북돋워주어야 한다. 다른 사람을 섬기는 것은 예수님 자신의 실례를 따라야 한다(요 13:14 참조).

유다서

⚜ 기록자

유다(1:1), 아마도 의붓동생(마 13:55, 막 6:3).

⚜ 기록연대

대략 AD 82년.

⚜ 핵심개요

이단 선생들과 그들의 위험한 교리를 주의하라.

⚜ 상세개요

유다는 베드로가 그의 두 번째 편지에서 언급했던 거짓교사들이 초대교회를 잘못된 길에 빠지도록 이끄는 문제로 씨름한다. 그들은 "원망하는 자며, 불만을 토하는 자며, 그 정욕대로 행하는 자라 그 입으로 자랑하는 말을 하며 이익을 위하여 아첨하는 자" 였다(1:16). 그리고 그들은 살아가는 사악한 모습을 감추고 하나님의 은혜를 이용하여 그리스도인들이 자신들과 같이 행하도록 신념을 굳혀주고 있었다. 유다는 이렇게 말한다. 참 그리스도인은 하나님의 사랑을 나타내, 동정을 베풀고, 그리고 죄인들을 "불에서"(1:23) 끌어내는 일을 한다.

요절

"성도들에게 단 한번 전달된 믿음을 위하여 힘써 싸우라"(1:3, KJV).

요점

유다는 구약에 기록되지 않은 두 가지 사건에 대한 상세한 정보를 준다; 이것은 모세의 몸을 놓고 천사장 미가엘과 사탄의 논쟁(1:9, KJV)과 하나님의 심판에 대한 에녹의 예언(1:14~15)이다.

적용

사탄은 참 그리스도인들을 혼란시켜서 결국은 좌절시키려고 "비밀 행위자"를 교회로 들여보내려고 애를 쓴다. 예수님의 제자들이 떠났으므로 성경에 기록된 대로 "진정으로 믿음을 위해 싸우는 것은 모든 참 그리스도인들의 책임이다.

요한 계시록

기록자

요한(1:1), 아마도 사도 바울.

핵심개요

하나님은 악을 심판하시고 그분의 성도들에게 보답을 하신다.

상세개요

예수 그리스도께서는 요한에게 "반드시 속히 일어날 일들"(1:1)의 "계시"를 받게 하신다. 먼저, 2~3장에서 요한에게 일곱교회, 즉 책망 받는 교회, 칭찬 받는 교회, 그리고 중간 상태의 교회에 대해서 문제 제기 또는 격려의 말씀을 주신다. 그 뒤 곧 환상은 어린양이 있는 하나님의 실제 보좌가 있는 곳으로 향해서 “일찍이 죽임을 당한”(5:6) 것 같은 어린양을 바라보고 있는데, 두루마리에서 일곱인을 떼시고, 전쟁, 기근, 그리고 세상에 다른 재앙을 풀어놓으신다. 용과 두 짐승이 하나님을 대적하여 연합해서 일찍이 대참사들 속에서 죽임을 당하지 않은 세상 사람들에게 숭배를 강요하기 위해서 일어난다. 사탄의 세력과 그들을 따르는 사람들은 세상에 전염병, 어둠, 엄청난 우박을 가져다주는 “하나님의 진노의 일곱 대접”(16:1)을 자초한다. 대 격변이 “큰 바벨론”, 악과 거만한 세상의 체계를 파괴하고, 하늘에서 온 천사가 사탄, 즉 “옛 뱀”(20:2)을 잡아 1000년 동안 그를 가둔다. 세계전쟁을 부추기기 위해서 잠시 풀려난 후, 사탄은 “짐승과 거짓 선지자가 있는 불과 유황 못에 던져진다.” 그곳에서 그는 “세세토록 밤낮 괴로움 받을 것이다”(20:10). 하나님은 “새 하늘과 새 땅”(21:1)을 드러내시고, 그곳에서 그분은 그분의 백성들의 눈에서 “모든 눈물을 씻어주실 것이다”(21:4, KJV).

⚜ 요절

“이 예언의 말씀을 읽는 자와 듣는 자와 그 가운데에 기록한 것을 지키는 자는 복이 있나니 때가 가까움이라”(1:3).

“죽임을 당하신 어린양은 능력과 부와 지혜와 힘과 존귀와 영광과 찬송을 받으시기에 합당하도다"(5:12).

요점

계시는 신약성경에서 유일하게 요한계시록에만 있는 "묵시문학"의 실례이다. "묵시"는 "인간으로서는 헤아릴 수 없는 감추어진 정보를 드러낸다"는 뜻이다. 요한계시록은 예수 그리스도께서 "알파와 오메가"(1:8)라는 것을 확인하고 "짐승"(13:8)의 표로 666이란 숫자를 보여준다.

적용

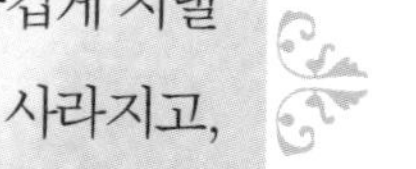

"나는 성경의 뒷면을 읽었다." 옛 남부 지방의 복음성가에는 이렇게 씌어져 있다. "우리는 이긴다!" 하나님은 그분의 자녀들에게 이 세상이 어떻게 끝나고, 또한 우리가 영원히 즐겁게 지낼 새롭게 향상된 세상을 미리 보여주신다. 죄의 저주가 사라지고, 우리는 주님과 함께 완전한 교제 가운데서 살며 "세세토록 왕 노릇"(22:5)할 것이다.

당신의 성경을 알라

초판 1쇄 발행일 2009년 02월 20일

저　자 | 폴 켄트(Poul Kent)
옮긴이 | 한길환
발행처 | 베드로서원
발행인 | 한순진
대　표 | 한영진

등록번호 : 제318-2005-000043호 · 등록일자 : 1988. 6. 3

서울시 영등포구 양평동4가 281 삼부르네상스한강 1307호
Tel. 02)333-7316, Fax. 333-7317
www.petershouse.co.kr
E-mail : peter050@kornet.net

베드로서원은 기독교문화 창달을 위해 좋은 책 만들기에 힘쓰고 있습니다.
*파본 및 잘못된 책은 바꾸어 드립니다.

ISBN 978-89-7419-260-0

값 9,000원

미주사역

PETER'S HOUSE
2150 Cheyenne Way #178, Fullerton, CA 92833
Cell. (714)350-4211